Les nouvelles lois
de l'amour

Marie Bergström

Les nouvelles lois de l'amour

*Sexualité, couple et rencontres
au temps du numérique*

La Découverte
9 *bis*, rue Abel-Hovelacque
75013 Paris

Composé par Facompo à Lisieux
Dépôt légal : mars 2019

Si vous désirez être tenu régulièrement informé de nos parutions, il vous suffit de vous abonner gratuitement à notre lettre d'information par courriel, à partir de notre site

www.editionsladecouverte.fr

où vous retrouverez l'ensemble de notre catalogue.

ISBN   978-2-7071-9894-5

Pour É.

Introduction

Match, Meetic, OkCupid, Grindr, Tinder, Happn, Bumble… Voilà quelques-uns des innombrables sites et applications de rencontres accessibles aujourd'hui sur Internet. Apparus aux États-Unis au milieu des années 1990, ils se comptent désormais en milliers et leurs utilisateurs en dizaines de millions. Avec le temps, les sites pionniers ont été concurrencés par les applications mobiles, jouissant d'une popularité grandissante. En vingt ans, ils ont redessiné la géographie amoureuse et sexuelle, en France comme dans d'autres pays. Ce faisant, ils changent la pratique de la rencontre mais mettent aussi au défi les imaginaires amoureux. Avec ces services, la rencontre singulière aurait cédé la place à la multiplication de partenaires sur Internet, sources d'une rationalisation et d'une sexualisation des relations intimes. Objets de débat, les sites et les applications sont accusés de rien de moins que d'avoir tué l'amour. Ces critiques illustrent la consternation et la réprobation suscitées par ce nouveau mode de rencontre. Sont-elles seulement fondées ?

Assurément, les rencontres en ligne sont des rencontres *à part* : elles bousculent tant les pratiques que les représentations. Or les changements ne sont pas nécessairement ceux que l'on croit. À part, elles le sont surtout parce qu'elles entraînent une privatisation de la rencontre, pourtant rarement soulignée. Fondé sur une vaste enquête empirique auprès des concepteurs comme des usagers, ce livre revisite ainsi ce que l'on pense savoir des sites et des applications. Pour ce faire, il s'intéresse à la population hétérosexuelle. Plutôt qu'une approche englobante – dont l'effet est toujours d'écraser les expériences minoritaires –, il prend pour objet les usages dans ce groupe majoritaire pour mieux en souligner la spécificité. À partir de *la rencontre*, et en s'intéressant à sa nouvelle forme numérique, le livre interroge l'organisation de l'hétérosexualité avec ses nouveaux codes, ses contradictions et ses inégalités.

Le succès inédit des services de rencontres

« Aucun lieu n'est strictement spécialisé dans l'appariement des conjoints. » C'est en ces termes que Michel Bozon et François Héran ont conclu leur étude sur « La formation du couple » au milieu des années 1980[1]. Devenue un « classique » de la sociologie française, à la suite du travail d'Alain Girard sur le *Choix du conjoint*[2], cette ambitieuse enquête avait permis de cartographier les lieux de rencontres en France et de suivre leur évolution sur plusieurs décennies. Elle donnait à voir la transformation de la géographie des rencontres, qui s'est largement diversifiée tout au long du xxᵉ siècle. Un fait est néanmoins resté inchangé à travers le temps : la marginalité des services de rencontres. Bien que les annonces et les agences matrimoniales aient existé en France depuis le début du xixᵉ siècle, elles ne sont jamais entrées dans les mœurs. Au milieu des années 1980, moins d'une personne sur deux cents avait connu son conjoint par ce biais et une très large majorité des Français excluaient totalement l'idée d'y avoir recours. Comme le soulignaient les auteurs à l'époque, « les intermédiaires spécialisés (annonces ou agences) ne constituent qu'un cas-limite et suscitent d'ailleurs la méfiance générale[3] ».

---

1. Michel Bozon et François Héran, « La découverte du conjoint. II. Les scènes de rencontre dans l'espace social », *Population* 43, nᵒ 1, 1988, p. 145.
2. Alain Girard, *Le Choix du conjoint. Une enquête psycho-sociologique en France*, Paris, Armand Colin, 2012 [1964].
3. Bozon et Héran, « La découverte du conjoint. II », *loc. cit.*, p. 145.

Plus de trente ans après cette photographie du paysage amoureux, les sites et les applications de rencontres viennent bousculer ces vérités, jusque-là bien établies. En tant que services commerciaux dédiés à l'appariement de partenaires amoureux et sexuels, ces plateformes s'inscrivent dans la lignée directe des prédécesseurs matrimoniaux mais aussi du « Minitel rose » en France. Elles s'en distinguent par contre par leur succès inédit. La dernière enquête nationale sur la vie affective en France, conduite en 2013-2014, estimait le taux d'usage à 18 % chez les personnes âgées de 18 à 65 ans. Parmi les célibataires et les personnes séparées, cela représentait environ une personne sur trois[4]. Très certainement, ce chiffre a augmenté depuis. Avec la banalisation des sites et des applications, les services de rencontres sont pour la première fois sortis de la marginalité pour être utilisés par un public nombreux.

Le phénomène n'est pas passé inaperçu. Depuis son apparition, ce nouveau mode de rencontre est sous le feu des projecteurs, suscitant une attention forte des médias comme des essayistes, voire des chercheurs en sciences sociales. C'est qu'il est considéré comme un « signe du temps ». Tel un miroir, les sites et les applications refléteraient les transformations profondes de la vie intime et donneraient à voir le vrai visage de l'amour moderne, provoquant ainsi un débat qui les dépasse largement. Le tableau alors dressé n'est pas très plaisant. Ces nouveaux services sont perçus comme un cheval de Troie faisant entrer des logiques économiques dans la sphère de l'intime. Littéralement organisés comme un marché – régi par la concurrence, le calcul et le marketing de soi –, ils auraient pour conséquence une rationalisation inédite des comportements amoureux et sexuels.

Cette thèse est centrale dans les travaux d'Eva Illouz, qui en fournit une analyse incisive et dont les écrits ont connu un écho important. Proposant une analyse critique de la moder-

---

4. Enquête « Épic » (« Études des parcours individuels et conjugaux »), Ined-Insee, 2013-2014.

nité, la sociologue dénonce la pénétration de la grammaire capitaliste dans les relations affectives. Dans ce mouvement historique que décrit l'auteure, les sites de rencontres jouent un rôle important, ayant, selon ses termes, « introduit dans le domaine de la rencontre amoureuse les principes fondamentaux de la consommation de masse – l'abondance, la liberté de choix, l'efficacité, la rationalisation, le ciblage sélectif et la standardisation[5] ». Les implications signalées sont nombreuses, en premier lieu l'érosion des cadres moraux et des logiques sociales qui régulent traditionnellement les rencontres. Prenant la forme d'un marché autorégulé, les services de rencontres auraient notamment pour conséquence la disparition de l'endogamie sociale et ethnoraciale. Cette tendance est sous-tendue par une autre, celle de l'hyper-sexualisation des rencontres en ligne. Soulignée par d'autres auteurs, comme Jean-Claude Kaufmann qui parle à la fois d'une rationalisation et d'une banalisation de la sexualité en ligne[6], elle s'inscrit pour Eva Illouz dans un mouvement plus large, identifié comme une « destruction de la volonté amoureuse[7] ». Par là, l'auteure indique une rationalisation de l'expérience amoureuse, produite par Internet de concert avec d'autres forces culturelles – l'essor de la psychologie et du féminisme –, dont il résulte une perte de croyance dans l'amour et la peur de l'engagement. Si les sites et les applications incarnent un marché, c'est donc par-dessus tout un « libre marché des rencontres sexuelles[8] ».

Forte par sa conclusion, cette thèse l'est aussi par son audience. L'idée d'une « marchandisation » et d'une « hyper-sexualisation » des rencontres en ligne est très diffusée en France, et prédominante dans les sciences sociales[9].

---

5. Eva Illouz, *Les Sentiments du capitalisme*, Paris, Seuil, 2006, p. 164.
6. Jean-Claude Kaufmann, *Sex@mour*, Paris, Armand Colin, 2010.
7. Eva Illouz, *Pourquoi l'amour fait mal. L'expérience amoureuse dans la modernité*, Paris, Seuil, 2012, p. 311.
8. *Ibid.*, p. 24.
9. Pascal Lardellier, *Le Cœur NET. Célibats et amours sur le Web*, Paris, Belin, 2004 ; Kaufmann, *Sex@mour, op. cit.* ; Emmanuel Kessous, « L'amour

Si elle pointe quelques-unes des caractéristiques saillantes des nouveaux services de rencontres, dont l'objectivation des échanges amoureux et sexuels et la réflexivité que l'outil requiert des usagers, elle pose aussi plusieurs problèmes. Mobilisée au bénéfice d'une critique sociale, elle explique mal les tendances empiriquement observées. D'abord, l'époque contemporaine est toujours caractérisée par une norme conjugale forte. Pour les jeunes, le couple reste un idéal, et une large majorité de femmes et d'hommes en font aussi l'expérience au cours de leur vie. Les séparations sont certes devenues courantes, mais il en va de même avec les remises en couple. Aujourd'hui, une partie significative de ces unions commencent même sur Internet : entre 2005 et 2013, environ un couple sur douze s'était formé par le biais d'un site de rencontres. Le nombre est certainement plus élevé désormais. Autre trait saillant qui ressort des enquêtes : les relations nouées via ces sites ne sont pas moins homogames que les autres. En dépit de l'apparence d'un espace où les frontières sociales seraient abolies, la sélection est toujours forte sur Internet, et rien n'indique que les logiques classiques d'appariement des partenaires ont été délogées. Enfin, les changements intervenus dans la sexualité ne se réduisent pas à ce que les théories d'un libre marché pourraient en dire. Si les nouveaux services sur Internet favorisent des relations de courte durée, il ne s'agit pas pour autant d'une sexualité « sans entrave ». Les rencontres en ligne sont traversées par de fortes normes sociales dont, tout particulièrement, le double standard des sexes, très marqué sur Internet.

En d'autres termes, les thèses d'une marchandisation, d'une banalisation du sexe ou de la fin de l'engagement peinent à rendre compte des pratiques effectives. C'est que, lorsque l'on se penche sur un phénomène nouveau, le risque est grand de créer par le même mouvement un passé mythique, comme celui d'une époque où l'amour aurait été authentique, entier

---

en projet. Internet et les conventions de la rencontre amoureuse », *Réseaux*, n° 166, 2011.

et désintéressé – à mille lieues de nos expériences contemporaines. Le diagnostic porté sur les rencontres en ligne témoigne souvent de cette vision nostalgique d'un passé qui n'a jamais existé, nourrie par une inquiétude face aux changements techniques et à une économie qui toujours étend son emprise. À distance égale de cette crainte et de l'enthousiasme que suscite à tour de rôle le phénomène, ce livre propose de faire la sociologie de ces nouveaux services de rencontres. Pour comprendre la popularité qu'ils ont rencontrée, comme ce qu'ils changent et ce qui reste stable, il faut chercher les explications ailleurs que dans une marchandisation des rapports sociaux qui s'étendrait un peu plus chaque jour.

La privatisation de la rencontre

La nouveauté des sites et des applications de rencontres a un effet éblouissant. En insistant sur leurs caractéristiques les plus spectaculaires – dont la masse des inscrits, la mise en scène de soi et les modalités de choix –, on passe à côté d'une autre spécificité apparemment banale mais non moins importante : leur *insularité*. Les rencontres en ligne se déroulent en dehors, et souvent à l'insu, des cercles de sociabilité. Sans aucun doute c'est ici que se situe la principale rupture avec les anciennes formes de rencontre. Car, telle que pratiquée et pensée depuis l'avènement de l'« amour romantique » au XIXᵉ siècle, la rencontre a toujours été inhérente à d'autres activités sociales. Elle était associée aux contextes de sociabilité ordinaire comme le voisinage, le travail, les études, les sorties et les loisirs. Si elle connaissait des lieux de prédilection, elle n'était pas dotée d'espaces en propre. Son inscription dans la vie courante fait d'ailleurs partie du script romantique : la rencontre est censée être fortuite.

Spécifiquement et très explicitement consacrés à l'appariement de partenaires, les nouveaux services rompent avec cette organisation des choses. Ils font de la rencontre une pratique distincte, c'est-à-dire spatialement et temporellement circonscrite et dotée d'une finalité explicite. La véritable nouveauté réside dans ce désencastrement des rencontres amoureuses et sexuelles d'autres sphères de la vie sociale. Il en découle une *privatisation de la rencontre* au double sens du terme.

Un nouvel entrepreneuriat de l'intime

Cette privatisation, c'est d'abord l'apparition d'un secteur économique de la rencontre. Empruntée à Karl Polanyi, la notion de désencastrement désigne le processus d'autonomisation d'une série d'activités qui, auparavant inscrites dans les relations sociales ordinaires, en sont dissociées par la constitution d'un marché dédié[10]. Cette extension du capitalisme, par la transformation d'objets et d'activités en nouveaux produits et services, a connu une accélération fulgurante avec Internet, qui lui a ouvert de nouveaux domaines d'investissement. Il est donc exact, comme l'affirment celles et ceux qui défendent la thèse d'une marchandisation, que l'on assiste à une intrication croissante entre l'économie et l'intime. Cette évolution est même renforcée par la diffusion des pratiques numériques. Car, dès lors que les plateformes en ligne sont principalement des structures commerciales, la diversification et l'intensification des activités numériques – devenues constitutives de nombreux domaines de la vie quotidienne – sont autant d'ouvertures de niches économiques. Les entrepreneurs du Web se font désormais « intermédiaires » de nos interactions sociales, y compris des plus privées : communication avec les proches, échange de photographies, coordination des courses alimentaires ou de listes de mariage, rencontres amicales, amoureuses et sexuelles… Parallèlement, les frontières symboliques entre le « marchandisable » et le « non-marchandisable » sont continuellement déplacées et font l'objet d'une controverse croissante. Comme le note la sociologue Viviana Zelizer, l'économie et l'intime sont traditionnellement pensés comme « deux mondes antagonistes »

---

10. Karl Polanyi, *La Grande Transformation. Aux origines politiques et économiques de notre temps*, Paris, Gallimard, 1983 [1944].

dont les logiques seraient radicalement différentes (la rationalité pour l'un et l'affect pour l'autre) et qui ne sauraient se croiser sans se pervertir mutuellement[11]. Pour cette raison, l'essor du marché dans le domaine de la vie privée suscite une crainte forte, celle de la corruption et de l'érosion inexorable des « liens sociaux intimes[12] ». L'accueil réservé aux sites et aux applications fournit un exemple éclatant de cette tension causée par l'entrée des acteurs privés dans la vie intime.

En conclure une rationalisation, voire une « marchandisation » des relations, c'est pourtant confondre deux choses distinctes. En tant que secteur économique, les services de rencontres ressortissent à des logiques propres qui ne se répercutent pas automatiquement sur les usages. Confondre les deux, c'est non seulement succomber à une lecture techniciste et déterministe des pratiques sociales, mais c'est aussi omettre l'autonomie propre au marché. À rebours de cette approche, nous proposons de consacrer une analyse spécifique à l'économie des sites et des applications. Car malgré l'intérêt croissant pour le rôle du capitalisme dans nos vies privées, on s'intéresse paradoxalement peu aux entreprises qui, concrètement, investissent ce domaine. C'est vrai dans le cas des rencontres en ligne où l'usage métaphorique du « marché » – mobilisé pour décrire les échanges amoureux et sexuels – a conduit à se désintéresser, voire à occulter, le marché au sens premier : les acteurs qui créent ces produits, leur travail et leurs normes professionnelles. Le premier objectif du livre est donc d'ouvrir la boîte noire de ce nouveau secteur économique.

Il importe également d'interroger les conséquences sociales de ce désencastrement. Mobilisé par Eva Illouz dans *Pourquoi l'amour fait mal*, le terme désencastrement désigne pour l'auteure une « dérégulation des rencontres amoureuses » avec « l'effondrement des règles religieuses, ethniques, raciales et

---

11. Viviana Zelizer, *Economic Lives : How Culture shapes the Economy*, Princeton, Princeton University Press, 2010.

12. Viviana Zelizer, « Intimité et économie », *Terrain*, n° 45, 2005, p. 19.

sociales de l'endogamie »[13]. Nos conclusions diffèrent. Sur Internet, la morale et les normes sociales ne s'évaporent pas – ils s'y réinventent même sous de nouvelles formes – mais le *cadre* de la rencontre change : utiliser des services spécialisés revient à sortir des cercles ordinaires pour accéder aux partenaires. De la privatisation au sens économique, il s'ensuit donc une *privatisation sociale* de la rencontre qui devient une démarche individuelle « à part ». Les sites et les applications s'inscrivent à ce titre dans une évolution plus large de la sociabilité.

Une transformation de la sociabilité

Dès l'apparition d'Internet, cette nouvelle technologie a suscité de nombreuses interrogations sur les liens sociaux. La spécialiste des pratiques numériques, Sherry Turkle, disait à ce sujet qu'Internet nous condamne à être « seuls ensemble » : plus que jamais connectés, on serait aussi plus que jamais solitaires[14]. Cette idée d'un délitement des relations sociales en raison des nouveaux médias n'est pas nouvelle. Au début des années 2000, Robert D. Putnam en trace les lignes directrices dans son livre à succès *Bowling Alone* où il prédit le déclin de la sociabilité aux États-Unis sous l'influence entre autres des nouvelles technologies[15]. Les enquêtes montrent pourtant que c'est le contraire qui s'est produit. C'est le cas en France où les pratiques de sociabilité (visites, réceptions et repas avec les amis et la famille) ont plutôt eu tendance à augmenter au fil du temps[16]. De même, l'usage d'Internet ne s'est pas traduit par une augmentation de l'isolement mais, au contraire, les personnes les plus connectées sont aussi celles

---

13. Eva Illouz, *Pourquoi l'amour fait mal. L'expérience amoureuse dans la modernité, op. cit.*, p. 90, 155.

14. Sherry Turkle, *Seuls ensemble. De plus en plus de technologies de moins en moins de relations humaines*, Paris, L'Échappée, 2015.

15. Robert D. Putnam, *Bowling Alone. The Collapse and Revival of American Community*, New York, Simon & Schuster, 2000.

16. Françoise Dumontier et Jean-Louis Pan Ké Shon, « En 13 ans, moins de temps contraints et plus de loisirs », *Insee première*, p. 675, 1999.

qui ont les contacts les plus fréquents et nombreux avec des personnes hors ligne, en France comme à l'étranger[17]. Ces observations ont tout pour décevoir les prophètes du délitement social : la sociabilité n'est pas en déclin, mais elle se transforme.

Le changement principal consiste en une privatisation, c'est-à-dire un resserrement de la vie sociale autour d'espaces privatifs. Il s'agit d'abord d'un mouvement général, visible à partir des années 1950, de migration vers l'espace domestique d'une série de pratiques qui auparavant avaient lieu dans l'espace public. Le changement est tangible du côté des jeunes, dont les pratiques de loisir se déplacent vers l'intérieur. Sonia Livingstone a bien montré cette transformation des pratiques juvéniles qui, par le biais des nouveaux loisirs informatiques et numériques, contribue à une véritable « culture de la chambre »[18]. Le mouvement est notable aussi au sein des classes populaires, comme le montre Olivier Schwartz dans son ouvrage *Le Monde privé des ouvriers*. Sur la base d'une enquête ethnographique approfondie, l'auteur atteste de l'accentuation d'un « pôle privé » au sein du monde ouvrier qui se traduit à la fois par une place plus centrale de la famille, en tant qu'entité autonome et coupée du collectif, et d'un resserrement de la vie sociale « autour du dedans », c'est-à-dire le foyer[19]. L'évolution ne traduit pas un simple déplacement géographique des pratiques mais s'accompagne d'une transformation de la sociabilité, centrée sur des cercles plus étroits.

C'est ce que montre également l'étude des lieux où les Français rencontrent leur conjoint. L'évolution majeure du

---

17. Pierre Mercklé, *Sociologie des réseaux sociaux*, Paris, La Découverte, 2011, p. 83-84.

18. Moira Bovill et Sonia Livingstone, « Bedroom Culture and the Privatization of Media Use », *in Children and Their Changing Media Environment. A European Comparative Study*, Londres, Lawrence Erlbaum Associates Publishers, 2001 ; Sonia Livingstone, *Young People and New Media. Childhood and the Changing Media Environment*, Londres, Sage, 2002.

19. Olivier Schwartz, *Le Monde privé des ouvriers. Hommes et femmes du Nord*, Paris, Presses universitaires de France, 1990, p. 517-518.

xxᵉ siècle est, à cet égard, la disparition du bal, cet événement public qui, dans les années 1960, mariait une personne sur cinq. Il a cédé la place à des contextes de rencontres plus fermés, voire privés, dont notamment les rencontres sur le lieu d'études ou dans les soirées entre amis. Si la tendance est caractéristique des classes moyennes et supérieures, elle touche désormais aussi les milieux populaires[20].

Les sites et les applications de rencontres prolongent cette privatisation de la sociabilité dans les domaines amoureux et sexuel. Le constat a de quoi surprendre les observateurs qui – au vu de la masse des inscrits – voient dans ces services une réincarnation moderne des bals d'antan. Il s'agit pourtant d'une forme de sociabilité radicalement différente. Accessibles depuis le foyer, les sites et les applications font de la rencontre une activité à portée domestique. Ils sont à ce titre loin d'un espace « public », également parce qu'ils proposent une communication en « tête à tête », c'est-à-dire à l'abri des regards environnants. Surtout, ces services permettent une dissociation nette entre réseaux sociaux et réseaux sexuels. Alors que le partenaire se recrute habituellement dans les espaces de vie et par la médiation des cercles de connaissance, les sites et les applications déjouent au contraire les instances de sociabilité traditionnelles.

La différence est essentielle, et elle n'est pas sans effet. C'est très clair pour certaines minorités, comme les populations gays et lesbiennes, qui ont vu les lieux collectifs et associatifs – autrefois des espaces de rencontres importants – connaître un déclin au profit des rencontres en ligne[21]. La tendance est particulièrement nette pour les hommes gays pour qui « l'émergence d'Internet coïncide avec une relative désaffection des espaces mêlant sociabilité et rencontre de

---

20. Michel Bozon et Wilfried Rault, « De la sexualité au couple. L'espace des rencontres amoureuses pendant la jeunesse », *Population* 67, n° 3, 2012.

21. Annie Velter, « Rapport enquête presse gay 2004 », Institut de veille sanitaire (INVS), Paris, 2007 ; Natacha Chetcuti, « Autonomination lesbienne avec les réseaux numériques », *Hermès* 2, n° 69, 2014.

partenaires[22] ». Ce mouvement est tributaire d'une individualisation des expériences homosexuelles. Comme l'a souligné
Philippe Adam mais aussi Colin Giraud dans son travail
sur les « quartiers gays », la banalisation de l'homosexualité
s'accompagne d'un moindre attachement à « l'expérience
communautaire » et une prise de distance avec « le milieu »[23].
Il s'ensuit une privatisation des rencontres qui se déroulent
plus souvent en dehors des cadres collectifs de sociabilité.

Une même évolution concerne désormais la population
hétérosexuelle. Avec la diffusion des sites et des applications,
la rencontre avec des partenaires amoureux et sexuels se trouve
dissociée des espaces de vie ordinaires. L'entourage est ainsi
destitué de sa fonction d'entremetteur des partenaires, mais
aussi de son rôle d'inspecteur des relations naissantes. Les
rencontres sur Internet se déroulent *en privé*. Cette privatisation de la sociabilité affective et sexuelle n'est pas sans
conséquences. Elle joue un rôle central, pourtant rarement
souligné, dans le succès rencontré par les sites et les applications. De même, elle se traduit par un moindre contrôle
extérieur sur les relations nouées dont il importe d'interroger
tant les implications que les modalités.

Le livre analyse ces changements qui accompagnent les
rencontres en ligne, s'intéressant plus spécifiquement à la
population hétérosexuelle. Car non seulement les sexualités gay
et lesbienne ont leurs histoires propres auxquelles répondent
des pratiques et des sociabilités différentes, mais elles entretiennent aussi un autre rapport aux services de rencontres.
Du fait de leur statut minoritaire, minorisé et historiquement
stigmatisé, les populations gays et lesbiennes ont une longue
familiarité avec les services spécialisés (annonces, services
téléphoniques, Minitel et aujourd'hui Internet) mais aussi
d'autres lieux exclusivement consacrés à la rencontre. Les

---

22. Velter, « Rapport enquête presse gay 2004 », *loc. cit.*, p. 82.

23. Philippe Adam, « Bonheur dans le ghetto ou bonheur domestique ? »,
Actes de la recherche en sciences sociales, n° 128, 1999, p. 57 ; Colin Giraud,
Quartiers gays, Paris, Presses universitaires de France, 2014, p. 282.

nouveaux espaces sur Internet renouvellent ces lieux bien plus qu'ils n'en créent. Ce n'est pas vrai pour la population hétérosexuelle qui, à l'exception notable des relations tarifées ou échangistes, ne s'est jamais dotée d'espaces entièrement dédiés à la rencontre. De ce fait, les sites et les applications constituent un laboratoire pour penser les transformations récentes de l'hétérosexualité. Pour cela, le livre se fonde sur une enquête empirique extensive qui, s'intéressant aux nouveaux services de rencontres, s'attache aussi à les inscrire dans les mouvements historiques qui les portent.

Au cœur des rencontres en ligne

L'apparition des sites et des applications fait suite à une période de transformation non seulement de la sociabilité, mais aussi de la sexualité et du couple. Elle est visible dans le déclin du mariage, l'augmentation des séparations, le report de la mise en couple, la diffusion du célibat et une nouvelle visibilité des sexualités gays et lesbiennes. Ces changements, bien documentés par les sociologues et les démographes, sont intrinsèquement liés à une modification des rapports de genre, dont l'amélioration du statut social des femmes et de leurs conditions de vie. Dans le domaine des relations intimes, cela s'est traduit par un rapprochement des pratiques et des aspirations des deux sexes, et par ce qu'Isabelle Clair appelle un *ethos* égalitaire qui, s'il n'efface pas les inégalités de genre, ne change pas moins le champ des possibles pour les femmes et les hommes[24]. C'est seulement en tenant compte de ces évolutions que l'on peut définir l'originalité des rencontres en ligne, et répondre à la question de ce qu'elles changent ou non à la vie intime. En se gardant du présentisme qui guette dès que l'on s'intéresse à une innovation technique, il s'agit de restituer aux sites et aux applications leur épaisseur

---

24. Isabelle Clair, « La découverte de l'ennui conjugal. Les manifestations contrariées de l'idéal conjugal et de l'ethos égalitaire dans la vie quotidienne de jeunes de milieux populaires », *Sociétés contemporaines* 3, n° 83, 2011.

historique. Ni révolution, ni simple « signe du temps », ce nouveau mode de rencontre s'inscrit dans une histoire qu'il prolonge activement.

Cette ambition implique d'abandonner un récit unique de la pratique. Trop souvent, les rencontres en ligne sont racontées au singulier, mettant en scène des jeunes cadres urbains dont les pratiques sont largement médiatisées et généralisées, cachant par là même d'autres expériences d'utilisateurs plus âgés ou moins dotés. Fréquentés par des hommes et des femmes de statuts maritaux, de milieux sociaux et d'âges différents, les sites et les applications invitent moins à une fresque d'ensemble qu'à une analyse attentive de la diversité des usages. Alors que les services sont fortement standardisés et semblent inviter à un usage unique, le livre montre qu'ils font au contraire l'objet d'appropriations fort différentes selon aussi bien les trajectoires que les caractéristiques des utilisateurs. Et que, en cela, ils contribuent à la diversification des pratiques amoureuses et sexuelles bien plus qu'à une tendance unique.

L'enquête

Toute personne intéressée par cette nouvelle pratique que constituent les rencontres sur Internet se confronte rapidement à un paradoxe. Abondamment commentées, fréquemment scrutées et souvent critiquées, les rencontres en ligne sont relativement peu étudiées. Les enquêtes réellement empiriques sont rares, notamment en France, et l'on sait par conséquent peu de choses encore sur la manière dont, concrètement, les individus viennent à ces services et comment ils s'en emparent. Ce constat de départ a donné lieu à une vaste investigation. Le livre repose sur une recherche conduite au cours de dix années. Entamée lorsque les sites de rencontres étaient un phénomène encore nouveau, elle en a suivi la diffusion jusqu'à l'apparition des nouvelles applications mobiles et leur diffusion. Cette profondeur historique permet d'éviter la surinterprétation tout comme les effets de nouveauté. La recherche est aussi diverse dans sa nature, confrontant différentes sources et approches.

Se plaçant des « deux côtés » des services de rencontres, l'enquête prend d'abord pour objet le travail des concepteurs. Fondé principalement sur des entretiens conduits avec les personnes à l'origine de ces services, ce travail se fonde aussi sur une analyse quantitative et qualitative des plateformes : recensement des sites et des applications, analyse des interfaces et étude de la communication et de la publicité des entreprises. Un deuxième volet, plus important car au cœur de la recherche, concerne les usages. Nous avons déployé ici un pluralisme méthodologique pour cerner les rencontres en ligne tout à la fois par « en haut », par l'objectivation des caractéristiques des utilisateurs, leurs comportements et les relations nouées, et par « en bas », pour saisir le sens que les individus donnent à cette pratique.

Ce sont d'abord des grandes enquêtes par questionnaire qui ont été utilisées pour mesurer avec précision le taux d'usage et pour caractériser les pratiques. Alors que les sondages sont légion – de nombreux chiffres circulent désormais quant aux rencontres en ligne –, leurs faiblesses méthodologiques en interdisent l'usage. Souvent financés par les premiers intéressés (c'est-à-dire les entreprises derrière les sites et les applications), ils sont de mauvaise qualité et tendent à surestimer l'usage des services. En revanche, il existe des enquêtes nationales, interrogeant un échantillon représentatif de la population vivant en France, qui permettent de dresser un tableau de ce nouveau mode de rencontre et de ses évolutions. C'est notamment le cas de l'enquête « Étude des parcours individuels et conjugaux » (« Épic »), conduite par l'Ined et l'Insee en 2013-2014, dont on présente les résultats tout au long de ce livre.

À côté de ces enquêtes traditionnelles, on mobilise aussi de façon plus occasionnelle des données numériques massives. Grâce à un partenariat avec la société Meetic France, une étude a pu être réalisée de ce service. Dans aucun cas, cette analyse n'a permis d'identifier des utilisateurs individuels, de suivre leurs usages ou de connaître leurs communications. Ce sont des données anonymisées, agrégées et pour partie censurées qui ont été étudiées. Elles ont permis d'observer des tendances globales quant aux modes de présentation de soi (les « profils ») et aux comportements de contacts (quels groupes échangent avec quels autres).

À cette approche quantitative s'ajoute enfin une enquête qualitative, fondée sur des entretiens conduits avec 75 utilisateurs de sites et d'applications de rencontres, âgés de 18 à 68 ans et issus de milieux sociaux diversifiés. Les entretiens étaient de nature biographique afin de pouvoir retracer les trajectoires amoureuses et sexuelles des personnes. Cela a non seulement permis de situer l'usage dans un parcours, mais aussi de comparer les expériences *en ligne* et *hors ligne*.

Thèse et trame de l'ouvrage

Consacré au succès inédit des sites et des applications de rencontres, le livre en propose une histoire alternative : ces services s'accompagnent d'une privatisation de la rencontre. Il s'agit de la constitution d'un nouveau secteur économique ciblant la vie intime, mais aussi, comme on le souligne beaucoup plus rarement, d'une transformation majeure de la sociabilité faisant de la rencontre une affaire privée. L'ouvrage se divise en cinq chapitres qui éclairent chacun à sa manière ce processus et ses conséquences. Une logique chronologique sous-tend toutefois l'exposé qui commence avec l'histoire et l'organisation des services, se poursuit par une étude des modes d'appropriation par les usagers et s'intéresse enfin aux relations qui en découlent.

Le premier chapitre propose une généalogie des rencontres en ligne. Phénomène récent, les sites et les applications n'ont pas moins une histoire longue qui commence au XIXe siècle, avec les premières annonces et agences matrimoniales, et se poursuit dans les années 1980 en France avec l'aventure du « Minitel rose ». Par ce recul historique, le chapitre souligne la continuité là où l'on postule souvent une rupture, voire une « révolution ». Il donne aussi à voir le travail des concepteurs : s'intéressant à la *production* avant d'interroger la *réception*, il ouvre la boîte noire de la fabrication des sites et écarte, ce faisant, tout déterminisme technique. Car si l'interface de ces espaces est souvent scrutée pour ce qu'elle semble nous dire des normes sexuelles contemporaines, elle reflète surtout les logiques d'un secteur économique. La standardisation, le mimétisme, la segmentation et le fort investissement dans les stéréotypes sont autant de principes classiques de marketing dont les concepteurs se font porteurs.

Dans l'objectif d'expliquer le succès inédit des sites et des applications, le deuxième chapitre souligne le rôle fondamental qu'y joue la complexification des parcours. Les rencontres en ligne sont largement tributaires de l'apparition d'une « jeunesse sexuelle », d'une part, et de l'augmentation des séparations et des remises en couple, d'autre part. Leur diffusion répond donc à deux logiques différentes. D'abord, ce sont les jeunes qui s'approprient ces services, pour flirter en ligne et tester leur attractivité. Cet usage récréatif assure un succès important aux sites et aux applications en même temps qu'il rend ce nouveau mode de rencontres visible à un public plus large. Dans un deuxième temps, l'usage se diffuse et trouve appui dans les aspirations des femmes et des hommes plus âgés et souvent séparés. À un âge où l'entourage n'offre plus autant d'occasions de rencontres (car la majorité des personnes sont déjà en couple) les services spécialisés présentent un attrait particulier, permettant de court-circuiter son cercle de sociabilité pour recruter de nouveaux partenaires. Aussi les sites sont-ils principalement des espaces de *remise en couple* : les relations nouées sur Internet correspondent surtout à des deuxièmes unions, tandis que le flirt des jeunes a, lui, migré vers les applications mobiles. Le chapitre retrace cette dynamique de diffusion et de renouvellement des rencontres numériques.

Le désencastrement des rencontres en ligne n'a pas pour conséquence la disparition de l'homogamie. C'est ce que montre le troisième chapitre en prenant pour objet le processus de rapprochement des partenaires sur Internet. Divisé en trois étapes, ce processus commence avec l'évaluation des « profils », se poursuit par l'échange écrit et se solde éventuellement par la rencontre physique. À chacun de ces étapes interviennent des mécanismes de sélection sociale qui tendent à écarter un peu plus les personnes qui sont déjà éloignées dans l'espace social. En s'intéressant à cette auto-sélection, l'objectif est d'abord de rendre visible la diversité des modes d'appropriation des services : des usages contrastés de la technique, de la photographie, du texte écrit et les nombreux enjeux qui entourent l'orthographe. C'est aussi jeter un regard nouveau sur la stratification sociale en France. Justement parce que les sites et les applications accueillent un public large, ils mettent en exergue toutes les frontières – symboliques, matérielles et économiques – qui séparent les classes sociales.

S'il y a différentes manières de venir aux sites et aux applications, et d'en user, il y a aussi différentes façons d'en sortir. D'abord, ce nouveau mode de rencontre ne mène pas à des rencontres pour tout le monde. Certaines personnes peinent à établir des contacts et se trouvent délaissées dans les interactions. C'est le cas des jeunes hommes tout d'abord, bien souvent disqualifiés par leurs pairs féminins qui leur préfèrent des hommes plus mûrs et installés socialement. C'est le cas des femmes plus âgées également, ignorées par les hommes de leur âge qui, eux, recherchent des partenaires plus jeunes. Le quatrième chapitre montre ce jeu de disqua-lification amoureuse et sexuelle qui, observé par ailleurs, se trouve exacerbé sur les sites et les applications de rencontres. Il souligne les différentes attentes qu'ont les femmes et les hommes vis-à-vis du futur partenaire, mais révèle aussi l'iné-galité des sexes face au célibat. Car si la complexification des parcours conjugaux concerne les deux sexes au même titre, les conséquences ne sont pas les mêmes. Rarement soulignée, l'inégalité contemporaine face à la rencontre n'est jamais aussi tangible que sur les sites et les applications où elle se manifeste à la fois parmi les usagers – ceux qui viennent sur Internet tenter leur chance – et leurs expériences de ces services : les chances qu'ils ont d'y voir aboutir une rencontre.

Après s'être intéressé à l'histoire, à l'organisation et aux usages diversifiés des sites et des applications, le livre s'intéresse enfin aux relations qui y sont nouées. Le dernier chapitre montre que les rencontres en ligne sont plus souvent sexuelles qu'elles ne sont conjugales. Or, contrairement à la thèse dominante, qui y décèle un nouveau rapport consumériste aux relations intimes, on insiste ici sur les facteurs matériels. Car le caractère éphémère des relations nouées sur Internet tient moins à de nouvelles normes sexuelles qu'aux conditions d'interaction spécifiques aux services. Cloisonnées par rapport aux cadres habituels de sociabilité, les rencontres en ligne sont bien plus discrètes que les rencontres « ordinaires ». Cette privatisation des rencontres autorise une plus grande marge de manœuvre dans l'exercice de la sexualité. Cependant, elle ne se solde pas par une banalisation sexuelle comme on le dit souvent. Sur Internet comme ailleurs, les interactions sont prises dans des cadres sociaux bien établis : elles ont pour principe la *réserve féminine* et se déroulent dans l'ombre de la *violence masculine*. Très loin d'un libre marché sexuel, les nouveaux services témoignent donc des conditions complexes dans lesquelles se négocient les relations intimes, et la forte inégalité de genre qui marque toujours l'hétérosexualité.

1

Au service de la rencontre

> Combien de jeunes gens et de jeunes filles aspirent aux joies de la famille et qui, malgré tous leurs efforts, n'arrivent pas à se marier ! Que leur manque-t-il ? Tout simplement des relations. En leur servant d'intermédiaire, notre journal comblera cette lacune.
>
> *Les Mariages honnêtes*, décembre 1907.

> Tinder offre à ses utilisateurs dans le monde entier la chance de créer des liens qui n'auraient peut-être jamais vu le jour autrement. Nous développons des produits qui rapprochent les gens.
>
> Tinder, février 2017.

Suscitant des critiques et des désapprobations morales quant à leur manière de transformer la rencontre en service commercial, les sites et les applications de rencontres constituent à bien des égards un *marché contesté*[1]. Il en résulte de nombreux débats sur ce que ces services font à la vie intime et aux relations humaines. Centrées sur le rôle du capitalisme, ces controverses évacuent paradoxalement la question de l'économie des services. Comment le marché des rencontres en ligne est-il organisé et qui sont les acteurs à l'origine de ces

---

1. Philippe Steiner et Marie Trespeuch (dir.), *Marchés contestés. Quand le marché rencontre la morale*, Toulouse, Presses universitaires du Mirail, 2014.

services ? Quels sont les principes de fonctionnement des sites et des applications et sur quoi repose leur système de financement ? Sans abandonner la question de savoir comment ces dispositifs sont susceptibles de modifier (ou non) les pratiques de la rencontre, nous proposons d'adopter dans un premier temps la perspective inverse : interroger non pas ce que ces services *font* à l'intime mais d'abord la manière dont ils s'en *emparent*. Cela implique de regarder le marché des rencontres en ligne de plus près, et avec plus de précision que ne le permettent les grandes fresques historiques sur l'extension du capitalisme à de nouveaux territoires. Pour comprendre l'offre aujourd'hui foisonnante de services, il faut cerner les logiques entrepreneuriales à l'œuvre et le travail des personnes qui vivent de ces produits.

Pour cela il nous faut d'abord remonter aux ancêtres. Enfants du Web, les sites et les applications de rencontres n'en ont pas moins une histoire longue. Cette histoire est celle des modes de rencontres médiatisées dont les formes ont varié au fil du temps : agences matrimoniales, petites annonces, services téléphoniques et « Minitel rose » en France. La filiation est forte entre ces dispositifs antérieurs et les plateformes numériques contemporaines. Elle est visible dans l'organisation des services et les acteurs économiques qui les portent, mais aussi dans la réception qui leur est réservée. La critique de la « marchandisation » des relations intimes – visant aujourd'hui applications et sites – était déjà formulée au XIXe siècle contre les agences et les annonces matrimoniales. L'histoire des rencontres en ligne donne à voir cette généalogie des services et la continuité des débats qui les entourent.

La sociologie économique de ce nouveau mode de rencontre révèle, à son tour, un marché résolument conventionnel. Si les sites et les applications suscitent beaucoup d'attention, les entreprises qui les portent sont beaucoup moins extraordinaires. Elles constituent plutôt un cas d'école d'un marché en développement. Les entretiens conduits avec les personnes à l'origine des services montrent alors comment la rencontre a été mise en marché. Appliquant les préceptes les plus rodés des manuels de marketing, les entrepreneurs travaillent les relations intimes selon des logiques économiques très classiques. En prenant la rencontre pour métier, pourtant, ils y laissent aussi leur propre empreinte. Les services proposés sont élaborés d'après une certaine conception des relations amoureuses et sexuelles, ainsi que des rapports de genre, dont ces acteurs sont porteurs. La carte des rencontres en ligne est dessinée par ces concepteurs et informaticiens – des hommes hétérosexuels dans leur écrasante majorité – qui en ont inventé les mécanismes. La deuxième partie du chapitre ouvre les portes de cette fabrique masculine des rencontres sur Internet.

Généalogie des rencontres en ligne

Les services de rencontres trouvent leur origine lointaine au XIXᵉ siècle avec l'émergence d'un nouveau système matrimonial. Leur diffusion, c'est ensuite une histoire d'innovations techniques. D'abord celle de l'impression industrielle qui fait l'essor de la « petite annonce », ensuite les technologies informatiques qui donnent lieu aux premières plateformes de rencontres des deux côtés de l'Atlantique, et enfin Internet et ses applications mobiles auxquels on doit les services que l'on connaît aujourd'hui.

Naissance de la rencontre amoureuse

Les premiers services de rencontres apparaissent dans un contexte de changement des pratiques matrimoniales, elles-mêmes liées à un changement social plus profond. Le mouvement d'industrialisation et d'urbanisation, que connaissent la plupart des pays occidentaux à partir de la deuxième moitié du XIXᵉ siècle, conduit les jeunes à s'éloigner de leur milieu d'origine. Ils se coupent alors de leurs réseaux sociaux, associés à l'univers familial et au voisinage, qui formaient jusque-là les cercles de relations dans lesquels se recrute le conjoint.

Cette indépendance accrue vis-à-vis de la famille se double d'une plus grande liberté dans le choix conjugal. La nouvelle économie industrielle et commerciale se fonde moins que la société aristocratique et paysanne sur la transmission inter-générationnelle, ce qui fait du couple le noyau d'une unité économique autonome plutôt que le maillon d'une lignée. C'est d'autant plus vrai que l'exode rural éloigne les jeunes des villages d'origine[2]. Le résultat est un retrait progressif des parents de la formation des couples.

Cette nouvelle autonomie des jeunes fait émerger un nouvel enjeu pour les candidats au mariage : la rencontre. Plutôt que présentés l'un à l'autre, les conjoints sont désormais invités à se rencontrer. Les enquêtes sur la formation des couples permettent de cartographier les contextes où se nouent ces nouvelles alliances. Elles montrent la concordance entre les lieux de rencontres et les espaces de vie d'une époque donnée : plutôt qu'une activité spécifique et circonscrite, la rencontre amoureuse s'immisce dans la vie quotidienne. Au début du xxᵉ siècle, dans une France encore largement rurale, le conjoint se recrute ainsi dans quatre contextes principaux qui sont le voisinage, le travail, le bal et les visites chez des particuliers[3]. À partir des années 1960, avec l'allongement des congés et le développement des loisirs, le partenaire se trouve plus souvent lors du temps libre et dans des contextes de sociabilité tels que les sorties, les fêtes entre amis, les discothèques, les lieux publics et associatifs[4]. Enfin, à partir des années 1990, cette fois-ci à la suite de la massification scolaire, les jeunes se rencontrent de plus en plus sur leur lieu d'études[5].

---

2. Edward Shorter, *Naissance de la famille moderne, XVIIIᵉ-XXᵉ siècle*, Paris, Seuil, 1977 ; Jean-Louis Flandrin, *Les Amours paysannes. Amour et sexualité dans les campagnes de l'ancienne France (XVIᵉ-XIXᵉ siècle)*, Paris, Gallimard/Julliard, 1975.

3. Girard, *Le Choix du conjoint, op. cit.*

4. Michel Bozon et François Héran, « La découverte du conjoint. I. Évolution et morphologie des scènes de rencontre », *Population* 42, n° 6, 1987.

5. Bozon et Rault, « De la sexualité au couple », *loc. cit.*

Cet encastrement des rencontres dans la sociabilité ordinaire correspond d'ailleurs largement à l'imaginaire amoureux qui se diffuse progressivement à partir du XIXᵉ siècle. Outre le changement des structures socioéconomiques, les transformations de l'institution maritale sont alimentées par de nouvelles manières de penser le lien conjugal, celles de l'« amour romantique ». De prime abord un scénario littéraire et théâtral, ce code amoureux devient progressivement un script également pour les comportements matrimoniaux : c'est la naissance du « mariage d'amour » où l'affection n'est plus la conséquence de l'union mais considérée comme son fondement[6]. La rencontre est centrale dans ce nouvel imaginaire amoureux. À l'opposé des entrevues organisées lors des alliances arrangées, elle est présentée comme un événement spontané, susceptible de surgir à tout moment et en tout lieu. La rencontre, telle que racontée et idéalisée, est une *heureuse découverte*. Cet événement inopiné est fortement mis en scène dans les productions culturelles consacrées aux histoires d'amour. Le « choc » de la première rencontre, l'irruption de l'autre, les premiers regards et les premières impressions visuelles, sonores et olfactives constituent les matériaux des romans d'amour du XIXᵉ siècle, ainsi que l'avait montré Alain Corbin[7]. Il en est de même plus tard avec les films cinématographiques dont les scénarios s'organisent largement autour de la rencontre fortuite entre deux inconnus. Ainsi, la rencontre amoureuse – en tant qu'événement imprévu – est placée au cœur du récit romantique[8].

Elle fournit également un script dans lequel se coulent les expériences des acteurs. En témoigne la forte adhésion au scénario de la rencontre fortuite que montrent Michel

---

6. André Burguière, *Le Mariage et l'Amour en France. De la Renaissance à la Révolution*, Paris, Seuil, 2011.

7. Alain Corbin, « La relation intime ou les plaisirs de l'échange », *in* Philippe Ariès et Georges Duby (dir.), *Histoire de la vie privée. 4, De la Révolution à la Grande Guerre*, Paris, Seuil, 1987.

8. Serge Chaumier, *La Déliaison amoureuse. De la fusion romantique au désir d'indépendance*, Paris, Armand Colin, 1999.

Bozon et François Héran à partir de l'enquête « La formation des couples » dans les années 1980. Interrogées au sujet de la rencontre avec leur conjoint, trois quarts des répondants déclaraient justement que celle-ci avait eu lieu « par hasard » (75 %), alors même qu'ils étaient également nombreux à considérer que la rencontre avait de « bonnes chances » de se produire (43 %)[9]. Dans les récits romantiques, hasard et probabilité ne sont donc pas contradictoires. Dès lors que le caractère aléatoire et spontané de la rencontre constitue un élément clé de la représentation de l'amour, les acteurs en font une place dans leur propre histoire amoureuse. Présenter celle-ci comme l'œuvre du hasard est une manière de signifier l'union comme une relation d'amour et de rendre l'expérience intelligible en tant que telle.

L'amour arrive donc, plus qu'il ne doit être poursuivi. Si, avec le nouveau code amoureux, les acteurs sont invités à trouver eux-mêmes leur partenaire, cette responsabilité leur est aussitôt retirée par l'idéalisation de la rencontre dont ils sont censés être l'objet plutôt que les sujets. Les services de rencontres qui se développent à la fin du XIXe siècle seront pour toujours pris dans cette double injonction contradictoire : nourris par le souci de la rencontre, stigmatisés pour l'avoir provoquée

Genèse du courtage matrimonial

La première annonce matrimoniale est datée de 1692 et documentée par l'historienne Helen Berry dans son étude de *The Athenian Mercury*, l'un des plus anciens périodiques britanniques[10]. À cette époque, c'est cependant un phénomène rare. Il faut attendre la seconde moitié du XIXe siècle pour que les annonces de mariage deviennent un élément courant des journaux, et ce tout d'abord dans le monde anglo-saxon, notamment dans les quotidiens municipaux

---

9. Bozon et Héran, « La découverte du conjoint. I », *loc. cit.*, p. 966.
10. Helen Berry, *Gender, Society and Print Culture in Late-Stuart England. The Cultural World of the Athenian Mercury*, Aldershot, Ashgate, 2003.

de Londres et de New York. À cette époque apparaissent des journaux bon marché, tirés à de nombreux exemplaires grâce à l'industrialisation de la presse écrite, et diffusés dans les nouveaux centres urbains. Financés pour beaucoup par les annonces publicitaires, les quotidiens – le plus souvent des tabloïds connus aux États-Unis sous le nom de *penny press* – commencent à inclure des *personal ads*. Il s'agit d'annonces payantes issues de particuliers et rapidement saisies dans un objectif matrimonial. *The New York Herald,* le plus grand quotidien de l'époque aux États-Unis, publie des annonces matrimoniales à partir de 1855 pour être suivi en 1860 par *The New York Times*[11].

En France, c'est aussi « l'essor de la presse, le développement des tirages, la liberté acquise du journal [qui] favorisent l'émergence de l'annonce matrimoniale » comme le souligne l'historien Maurice Garden[12]. Seulement, la presse écrite s'y développe plus tardivement et les « petites annonces » ne se diffusent réellement qu'au tournant du XXᵉ siècle. Un des supports principaux en sera *Le Chasseur français* qui publie sa première annonce matrimoniale en 1892 et deviendra un des premiers journaux dans le domaine[13]. Il n'est cependant pas le seul. En France, ce sont surtout des agences matrimoniales qui se spécialisent dans l'appariement des conjoints, comme le montre Claire-Lise Gaillard dans sa recherche sur l'émergence et la professionnalisation de ce qu'on appelle à l'époque le « courtage matrimonial »[14]. Phénomène urbain, ces agences se diffusent tout au long du XIXᵉ siècle en prenant principalement pour cible une classe aisée à qui elles assurent des rencontres en toute discrétion et dont elles reçoivent une

---

11. Pamela Ilyse Epstein, « Selling Love. The Commercialization of Intimacy in America, 1860s-1900s », Rutgers University, 2010.

12. Maurice Garden, « Les annonces matrimoniales dans la lunette de l'historien », *in* Maurice Garden, *Un historien dans la ville*, Paris, Maison des sciences de l'Homme, 2008, p. 288 [1981].

13. *Ibid.*

14. Claire-Lise Gaillard, « Agence matrimoniale », *in* Louis Faivre d'Arcier (dir.), *Mariages*, Lyon, Éditions Olivétan, 2017.

commission sur la dot en cas de conclusion heureuse. À la fin du Second Empire, on compte de nombreuses agences à Paris mais aussi dans les grandes villes en région, et leur nombre s'accroît encore après 1884 avec la légalisation du divorce, qui leur assure de nouveaux clients[15]. En même temps, ces structures commerciales voient apparaître de nouveaux concurrents. Comme le démontre Claire-Lise Gaillard, la Belle Époque amène avec elle des « feuilles matrimoniales » qui touchent des cercles sociaux plus larges et opèrent à ce titre une démocratisation des services matrimoniaux. Il s'agit de magazines spécialisés dans les petites annonces, nécessitant souvent un abonnement[16], dont quelques exemples sont *La Gazette du Mariage* (1882), *Matrimonial, alliance générale des familles* (1892) et *Les Mariages honnêtes* (1905). S'adressant souvent aux lecteurs sur la première page, les rédactions présentent leur journal comme une réponse aux difficultés propres aux célibataires de leur époque. Le diagnostic, souvent alarmant, présente des similitudes frappantes avec les inquiétudes contemporaines relatives à l'augmentation du célibat que l'on attribue – hier comme souvent aujourd'hui – à une véritable « crise » de la rencontre. En raison de l'intensification des activités ainsi que du manque du temps, les jeunes gens ne sauraient plus se rencontrer. Les services matrimoniaux sont alors promus comme un remède aux relations qui peinent à se nouer autrement.

> Au nombre des causes principalement graves de la pénurie des mariages, nous n'hésitons pas à signaler en première ligne les difficultés, l'embarras qu'éprouve la majeure partie des aspirants au mariage de l'un et l'autre sexe, non pas seulement à chercher, mais à *trouver, rencontrer, connaître* cette personne unique entre toutes [...]. Dans notre siècle fiévreux où plaisirs nombreux et variés, travaux incessants, affaires importantes et multiples sont menés de front, à

---

15. *Ibid.*
16. Le prix d'un abonnement « simple » de trois mois à *La Gazette du Mariage* est de 6 francs en 1882 (illustration 1).

toute vapeur, le temps, les circonstances favorables pour chercher, trouver une épouse, font défaut à beaucoup que leur position oblige à se marier promptement [...]. Il s'agit donc d'aplanir les obstacles, créer les relations, lutter contre les circonstances défavorables, seconder, encourager [*La Gazette du Mariage*, n° 1, 15 juillet 1882].

L'apparition de ce nouvel acteur n'est pourtant pas perçue d'un bon œil par les contemporains. Si les annonces et les agences matrimoniales s'inscrivent dans un système matrimonial qui se reconfigure, où les institutions traditionnelles n'ont plus la même capacité à marier les individus[17], elles s'opposent en même temps au nouveau code amoureux et en particulier au « mariage d'amour ». Dès le XIXe siècle, ces services font ainsi l'objet d'une forte critique – aussi bien en France qu'outre-Atlantique – qui s'exprime dans des journaux, des romans et des comédies parodiant cette nouvelle scène de rencontre jugée vulgaire. Les critiques ne sont pas sans rappeler celles qui ciblent aujourd'hui les sites et les applications de rencontres.

D'une part, on reproche aux entreprises de faire de l'appariement de conjoints une activité lucrative. Aux États-Unis, cela fait naître une fronde populaire visant l'interdiction des annonces matrimoniales[18], tandis qu'en France certains juristes mettent en cause la licéité des agences matrimoniales : « On s'interroge sur la légalité autant que la moralité du "proxénétisme pour le bon motif" selon l'expression des Goncourt et la fréquence des affaires judiciaires impliquant les agences inquiète l'opinion publique[19]. »

D'autre part, les utilisateurs des services sont décriés du fait de l'approche pragmatique qu'ils ont du mariage. L'affichage des prétentions matrimoniales, juxtaposé à la promotion publique de soi, est assimilé à un échange

---

17. Garden, « Les annonces matrimoniales dans la lunette de l'historien », *loc. cit.*

18. *Op. cit.*, p. 33.

19. Gaillard, « Agence matrimoniale », *loc. cit.*, p. 197.

mercantile. C'est d'autant plus le cas que les annonces, dans un premier temps, font souvent mention de titres, de ressources financières et de dots de mariage. Cette explicitation des enjeux économiques du mariage indispose les observateurs dans la mesure où, comme le rappelle l'historien Dominique Kalifa, il « salit l'idéal amoureux, exalté par le romantisme[20] ». François de Singly montre la même tension dans son étude des petites annonces publiées dans *Le Chasseur français* à la fin des années 1970. Il souligne que le recours aux services de rencontres repose sur un exercice difficile, puisqu'il consiste à énoncer ses aspirations tout en apparaissant désintéressé :

> En dépouillant le catalogue de la vente matrimoniale par correspondance, on assiste au premier moment d'une négociation difficile parce que les normes du nouveau régime matrimonial requièrent un désintéressement explicite, signe de l'amour, et que la forme même de la présentation de soi par écrit interdit d'apparaître complètement ainsi. Comment conjuguer en effet intérêt et désintérêt dans une situation où la suppression des indicateurs « naturels » de la valeur sociale – le corps, l'allure, les manières, le vêtement, la voix – oblige les acteurs à proposer des indices de substitution ? Les annonceurs doivent, en évitant les reproches de cupidité, exposer leurs richesses et une demande de rendement de celles-ci[21].

Les annonces et les agences matrimoniales explicitent *les termes* de la rencontre, comme l'explique François de Singly. À ce titre, elles mettent en cause les imaginaires de l'amour romantique, perçu comme une relation désintéressée. Au XIXe siècle, plutôt qu'un conformisme aux valeurs conjugales antérieures (les « mariages arrangés »), ces services sont perçus par les commentateurs comme le symptôme

---

20. Dominique Kalifa, « L'invention des agences matrimoniales », *L'Histoire*, n° 365, 2011, p. 9.
21. François de Singly, « Les manœuvres de séduction. Une analyse des annonces matrimoniales », *Revue française de sociologie* 25, n° 4, 1984, p. 524.

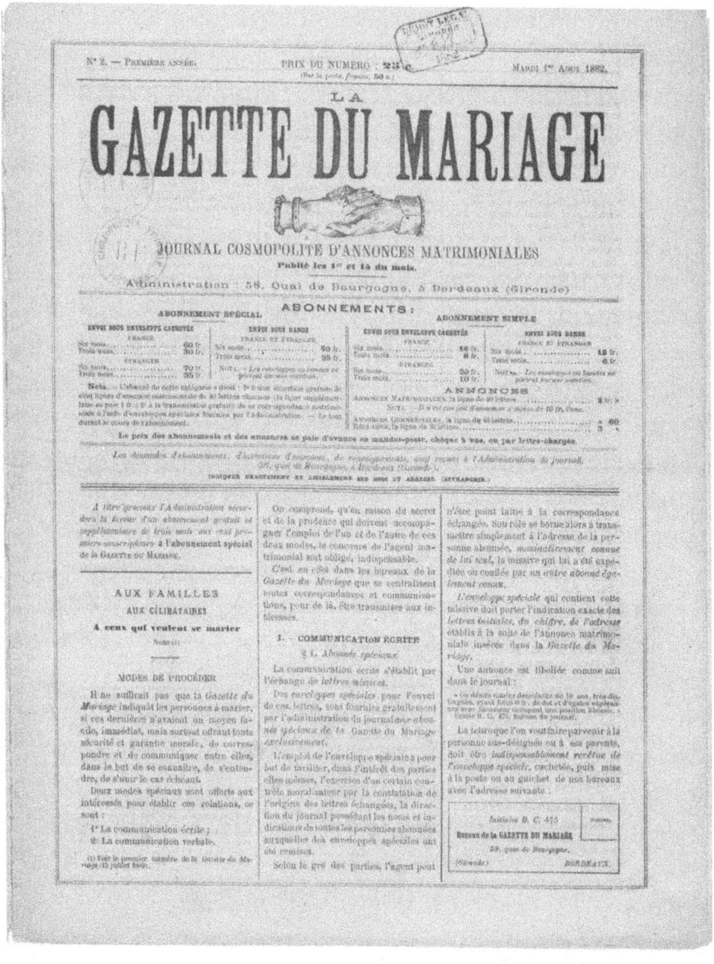

N° 2. — Première année. PRIX DU NUMÉRO : 25 c (Par la poste, franco, 50 c.) Mardi 1er Aout 1882.

LA
GAZETTE DU MARIAGE

JOURNAL COSMOPOLITE D'ANNONCES MATRIMONIALES

Publié les 1er et 15 du mois.

Administration : 58, Quai de Bourgogne, à Bordeaux (Gironde)

ABONNEMENTS :

ABONNEMENT SPÉCIAL

ENVOI SOUS ENVELOPPE CACHETÉE

FRANCE

Six mois .... 60 fr.
Trois mois .... 30 fr.

ÉTRANGER

Six mois .... 70 fr.
Trois mois .... 35 fr.

ENVOI SOUS BANDE

FRANCE ET ÉTRANGER

Six mois .... 50 fr.
Trois mois .... 25 fr.

NOTA. — Les enveloppes ou bandes ne portent aucune mention.

Nota. — L'abonné de cette catégorie a droit : 1° à une insertion gratuite de cinq lignes d'annonce matrimoniale de 40 lettres chacune (la ligne supplémentaire se paie 1 fr.) ; 2° à la transmission gratuite de sa correspondance matrimoniale à l'aide d'enveloppes spéciales fournies par l'Administration. — Le tout durant le cours de l'abonnement.

ABONNEMENT SIMPLE

ENVOI SOUS ENVELOPPE CACHETÉE

FRANCE

Six mois .... 16 fr.
Trois mois .... 8 fr.

ÉTRANGER

Six mois .... 20 fr.
Trois mois .... 10 fr.

ENVOI SOUS BANDE

FRANCE ET ÉTRANGER

Six mois .... 12 fr.
Trois mois .... 6 fr.

NOTA. — Les enveloppes ou bandes ne portent aucune mention.

ANNONCES

Annonces matrimoniales, la ligne de 40 lettres .... 2 fr. »

NOTA. — Il n'est pas pris d'annonce à moins de 10 fr. l'une.

Annonces commerciales, la ligne de 40 lettres .... » 60
Réclames, la ligne de 40 lettres .... 3 »

Le prix des abonnements et des annonces se paie d'avance en mandat-poste, chèque à vue, ou par lettre-chargée.

Les demandes d'abonnements, d'insertions d'annonces, de renseignements, sont reçues à l'Administration du journal, 58, quai de Bourgogne, à Bordeaux (Gironde).

INDIQUER EXACTEMENT ET LISIBLEMENT SES NOM ET ADRESSE. (AFFRANCHIR.)

A titre gracieux l'Administration accordera la faveur d'un abonnement gratuit et supplémentaire de trois mois aux cent premiers souscripteurs **à l'abonnement spécial** de la Gazette du Mariage.

AUX FAMILLES
AUX CÉLIBATAIRES
A ceux qui veulent se marier
Suite (1)

MODES DE PROCÉDER

Il ne suffirait pas que la *Gazette du Mariage* indiquât les personnes à marier, si ces dernières n'avaient un moyen facile, immédiat, mais surtout offrant toute sécurité et garantie morale, de correspondre et de communiquer entre elles, dans le but de se connaître, de s'entendre, de s'unir le cas échéant.

Deux modes spéciaux sont offerts aux intéressés pour établir ces relations, ce sont :

1° La communication écrite ;
2° La communication verbale.

(1) Voir le premier numéro de la Gazette du Mariage (15 juillet 1882).

On comprend, qu'en raison du secret et de la prudence qui doivent accompagner l'emploi de l'un et de l'autre de ces deux modes, le concours de l'agent matrimonial soit obligé, indispensable.

C'est en effet dans les bureaux de la Gazette du Mariage que se centralisent toutes correspondances et communications, pour de là, être transmises aux intéressés.

I. — COMMUNICATION ÉCRITE

§ I. *Abonnés spéciaux*

La communication écrite s'établit par l'échange de *lettres missives*.

Des *enveloppes spéciales* pour l'envoi de ces lettres, sont fournies gratuitement par l'administration du journal *aux abonnés spéciaux de la* Gazette du Mariage *exclusivement*.

L'emploi de l'enveloppe spéciale a pour but de faciliter, dans l'intérêt des parties elles-mêmes, l'exercice d'un certain contrôle moralisateur par la constatation de l'origine des lettres échangées, la direction du journal possédant les noms et indications de toutes les personnes abonnées auxquelles des enveloppes spéciales ont été remises.

Selon le gré des parties, l'agent peut n'être point initié à la correspondance échangée. Son rôle se borne alors à transmettre simplement à l'adresse de la personne abonnée, *nominativement connue de lui seul*, la missive qui lui a été expédiée ou confiée par *un autre abonné également connu*.

L'enveloppe spéciale qui contient cette missive doit porter l'indication exacte des *lettres initiales, du chiffre, de l'adresse* établis à la suite de l'annonce matrimoniale insérée dans la *Gazette du Mariage*.

Une annonce est libellée comme suit dans le journal :

« On désire marier demoiselle de 19 ans, très distinguée, ayant [illegible] fr. de dot et d'égales espérances avec monsieur occupant une position libérale. » Écrire D. C. 475, bureau du journal.

La lettre que l'on veut faire parvenir à la personne sus-désignée ou à ses parents, doit être *indispensablement revêtue de l'enveloppe spéciale*, cachetée, puis mise à la poste ou au guichet de nos bureaux avec l'adresse suivante :

Initiales D. C. 475
Bureau de la GAZETTE DU MARIAGE
59, quai de Bourgogne,
(Gironde.) BORDEAUX.

Illustration 1. **Première page du journal *La Gazette du Mariage*, août 1882**

d'une société nouvelle, dominée par les valeurs économiques. Comme les observateurs des sites et des applications dans la France contemporaine, on voit dans ces rencontres médiatisées une rationalisation inédite de la formation des couples. Tandis que c'est l'économie libérale qui se trouve aujourd'hui mise en cause, c'est l'industrialisation qui est mise au ban à l'époque[22], mais les arguments sont finalement les mêmes. En d'autres termes, si les sites et les applications que nous connaissons aujourd'hui sont un « signe du temps », comme on le dit souvent, c'est plutôt le *temps long de l'amour romantique* qui exalte la rencontre fortuite et l'amour désintéressé, et que les services de rencontres mettent au défi, hier comme aujourd'hui.

Du reste, les annonces et les agences n'entrent jamais vraiment dans les mœurs. Les supports se font certes plus nombreux dans l'entre-deux-guerres, avec la multiplication d'agences sous formes de « chaînes » avec des succursales régionales, et la banalisation des petites annonces dans les grands quotidiens de France. Pourtant, l'usage restera marginal, comme le montrent les enquêtes de l'époque. Au milieu des années 1980, moins de 1 % des Français ont rencontré leur conjoint par ce biais, et une large majorité exclue totalement l'idée d'y avoir recours un jour. Les registres de rejet font écho à ceux formulés cent ans auparavant et remettent en cause un système toujours associé au commerce et à l'« arnaque », jugé peu « sérieux » et contraire au destin et au hasard[23]. Ainsi, en 1985, seulement 2 % des individus âgés de 21 à 44 ans déclaraient avoir fait appel à des services de rencontres[24]. L'affirmation du script romantique, via notamment le cinéma et la littérature, maintient le discrédit sur ces dispositifs.

Minitel & BBS : premières rencontres sur le réseau

Les années 1980 et ses nouvelles technologies vont cependant renouveler les services. En France, c'est la naissance du réseau Télétel et ses fameuses « messageries conviviales ». Grande nouveauté, il s'agit de plateformes interactives qui, depuis un terminal (le Minitel), permettent d'interagir avec d'autres personnes connectées, présentées dans une liste avec leur pseudonyme et leur département d'origine. Ce nouvel outil

---

22. Epstein, « Selling Love. The Commercialization of Intimacy in America, 1860s-1900s », *loc. cit.*
23. Enquête « La formation des couples », Ined, 1983-1984.
24. Enquête « Les situations familiales », Ined, 1985.

de communication rencontre rapidement un public. À la fin des années 1980, les messageries représentent la plus grande part du trafic télématique hors applications professionnelles[25], et au milieu des années 1990 on compte jusqu'à 800 plate-formes en France[26]. Éditées par la presse, elles sont baptisées « Jane » (*Le Nouvel Observateur*), « Turlu » (*Libération*) ou « Union » (Hachette) et ont souvent un caractère explicite.

Nées dans un contexte historique nouveau, les messageries font aussi l'objet d'un usage différent des services antérieurs. Si des petites annonces à caractère érotique se diffusent en France dans l'entre-deux-guerres, cette dimension sexuelle des rencontres sera caractéristique surtout du Minitel. Comme le montrent les recherches de Josiane Jouët à ce sujet, les messageries sont pour beaucoup des espaces de discussion à caractère explicite, où les usagers prennent plaisir à se séduire et à exprimer leurs fantasmes, sans nécessairement chercher à se voir hors ligne[27]. Bien que les usages ne se limitent pas à cette communication érotique, c'est *in fine* l'image qui en restera.

Des systèmes de communication semblables au « Minitel rose » voient le jour en même temps outre-Atlantique. Aux États-Unis, la mise en réseau d'ordinateurs se développe dès la fin des années 1960, mais ce n'est qu'avec la diffusion de la micro-informatique dans les années 1980 que la commu-nication en ligne devient courante. Elle prend notamment la forme de *bulletin board systems,* mieux connus sous l'abrévia-tion BBS. Fondées sur une technologie proche des messageries françaises, ces plateformes sont accessibles à l'aide d'un ordina-teur et d'un modem et permettent un dialogue en temps réel entre deux ou plusieurs usagers connectés. Certaines d'entre elles se spécialisent dans ce que la presse appelle d'emblée

25. Jean-Yves Rincé, *Le Minitel,* Paris, Presses universitaires de France, 1990.

26. Josiane Jouët, « Des usages de la télématique aux *Internet Studies* », *in* Fabien Granjon et Julie Denouël (dir.), *Communiquer à l'ère numérique. Regards croisés sur la sociologie des usages,* Paris, Presses des Mines, 2011.

27. Josiane Jouët, « La sociabilité télématique », *Communication et langages* 72, n° 1, 1987.

online dating – rencontres en ligne – et sont rapidement appropriées dans un objectif sexuel et fantasmatique.

Si ces BBS et le « Minitel rose » se ressemblent beaucoup, la réception qui leur est réservée diffère toutefois fortement d'un côté et de l'autre de l'Atlantique. Aux États-Unis, le développement de la communication en ligne est considéré comme un changement social majeur, largement idéalisé. De par sa structure, le réseau est envisagé comme un univers horizontal à la fois par les concepteurs (des universitaires et des informaticiens qui en sont aussi les premiers utilisateurs) et la presse qui couvre son développement[28]. Cet « imaginaire » utopique, pour emprunter le terme de Patrice Flichy, marque les services de rencontres qui suscitent un enthousiasme certain. Autant dans la presse écrite que dans les travaux académiques, les BBS sont envisagés comme des espaces profondément « démocratiques » en ce qu'ils permettraient une interaction aveugle aux caractéristiques sociales des individus (âge, sexe, origine sociale, invalidité…). Les usagers se jugeraient ainsi sur la base de leurs valeurs, leurs idées et leur personnalité plutôt que sur leur apparence, et ils exprimeraient plus librement leurs désirs. Ce discours enthousiaste concerne également les espaces sexuellement explicites dont on loue le caractère égalitaire.

L'histoire du Minitel et de ses messageries roses est, elle, très différente. Projet entièrement piloté par l'État, la télématique française est portée par une idéologie tout autre. Conçu comme un outil d'information (et non de communication) à sens unique, c'est-à-dire vertical, le Minitel reste un « objet indéfini » pour les usagers qui ne voient pas bien son utilité dans la vie quotidienne[29]. Les messageries, qui feront le succès du système, n'ont en réalité jamais été envisagées par

---

28. Fred Turner, *From Counterculture to Cyberculture. Stewart Brand, the Whole Earth Network, and the Rise of Digital Utopianism*, Chicago, University of Chicago Press, 2010 ; Patrice Flichy, *Imaginaire d'Internet*, Paris, La Découverte, 2001.

29. Marie Marchand et Claire Ancelin, *Télématique. Promenade dans les usages*, Paris, La Documentation française, 1984, p. 12.

l'administration étatique mais sont le produit d'un acte de piratage. Celui-ci se produit en 1982 à Strasbourg où un service télématique d'information locale a été mis en place par le quotidien *Dernières Nouvelles d'Alsace*. Face aux difficultés que rencontrent les usagers de ce nouveau service nommé « Gretel », le responsable informatique décide d'instaurer une messagerie pour les guider. Conçue comme un moyen de communication provisoire entre l'équipe du journal et les utilisateurs, la messagerie est rapidement détournée par ces derniers pour permettre une communication entre usagers. Le journal laisse faire et ce qui sera la première « messagerie conviviale » connaît rapidement du succès[30].

Dispositif interactif dans un service d'information – utilisé de surcroît dans un objectif sexuel –, les messageries roses sont perçues comme « une perversion de la rationalité intrinsèque du système » comme le note Josiane Jouët[31]. À ce sujet, Dominique Boullier ajoute que, « à la différence d'innovations qui ont fait naître de grands projets à forme idéologique affirmée, il existe plutôt un "déficit d'utopie" dans tous les lancements de messageries[32] ». L'idéologie de la télématique permet difficilement de penser l'expérience de ces messageries de façon positive et de la mettre en récit. Les relations tissées par ce biais sont au mieux sujet de débat, au pire objet de stigmatisation. Elles sont à l'origine de nombreux ouvrages et articles, souvent fort critiques, qui voient dans ces services de rencontres un nouvel hédonisme, résultant d'une frustration sexuelle, d'un excès de l'individualisme ou d'une rationalisation des rapports humains. Alors que l'« imaginaire d'Internet » permet une vision enchantée des BBS nord-américains, la double transgression technique et sexuelle des messageries françaises en font un service décrié.

---

30. *Ibid.*
31. Jouët, « Des usages de la télématique aux *Internet Studies* », *loc. cit.*, p. 63.
32. Dominique Boullier, « Archéologie des messageries », *Réseaux* 7, n° 38, 1989, p. 13.

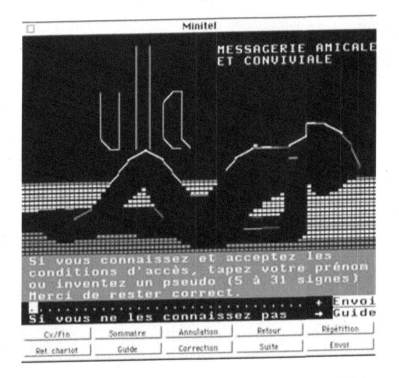

Illustration 2.   **Interface de la messagerie télématique « 3615 ULLA »**

De nouveau, il est possible de tisser des comparaisons entre ces dispositifs antérieurs et les sites et applications contemporains. Car, dès lors qu'ils sont explicitement sexuels, les services de rencontres suscitent toujours émoi et débat. C'était le cas des « messageries roses », mises en cause par les associations familiales qui ont lancé de nombreuses campagnes visant leur interdiction. En 1988, plusieurs d'entre elles se constituaient en partie civile dans un procès visant les dirigeants de cinq messageries conviviales, poursuivis pour « incitation à la débauche » selon l'article 284 du code pénal. Si les accusés ont été acquittés par la justice, les parlementaires de l'époque sont sollicités pour réglementer l'activité de ces entreprises, dont la publicité affichée sur les kiosques et sur des grands panneaux au bord des autoroutes. En janvier 1991, un décret instaure la taxation à 50 % des revenus des services télématiques « à caractère pornographique qui font l'objet d'une publicité sous quelque forme que ce soit[33] ». C'est le début de la fin pour le Minitel dans sa forme rose.

Près de trente ans plus tard, la même foudre s'abat sur les sites de rencontres à caractère explicite. Début 2015, la Confédération des associations familiales catholiques attaque en justice le site adultère Gleeden pour « commerce illicite et antisocial ». Sont de nouveau visés les panneaux publicitaires que les associations souhaitent voir bannies de l'espace public. Encore une fois, la justice sera du côté des services. Cela n'empêche pas que la publicité soit supprimée dans plusieurs communes de France. C'est le cas à Versailles où, après les plaintes des riverains, la mairie décide d'enlever les affiches qui, selon ses dires, « posaient un certain nombre de problèmes à une partie de la population[34] ». Au fil des décennies, les services de rencontres ont su garder leur pouvoir de scandale.

Dans le cas des messageries conviviales, cette transgression sexuelle va cependant en limiter l'usage. Au début des années 1990, seule une minorité des Français déclarent avoir déjà utilisé ce type de messagerie (ou un numéro de téléphone érotique) au moins une fois dans leur vie. Si l'expérience est relativement courante chez les hommes âgés de 18 à 34 ans (entre 15 % et 17 %), elle est moins fréquente chez les femmes de même âge (entre 5 % et 11 %) et très rare, voire inexistante, chez les personnes plus âgées. En effet, « souvent pratiqué pour "essayer", le "Minitel rose" ne concerne pratiquement que les moins de 35 ans, et parmi eux presque uniquement les hommes[35] ». Comme leurs prédécesseurs, les messageries conviviales restent donc une pratique marginale.

---

33. Premier paragraphe de l'article 235 du code général des impôts (CGI), janvier 1991.

34. « Pour défendre la fidélité, des catholiques conservateurs s'attaquent au site Gleeden », *L'Obs*, 18 février 2015.

35. Alfred Spira et Nathalie Bajos, *Les Comportements sexuels en France. Rapport au Ministre de la Recherche et de l'Espace*, Paris, La Documentation française, 1993, p. 132.

Peu de temps après, le glas sonne pour le Minitel français, détrôné par le réseau nord-américain. Dans les années 1980, il existe aux États-Unis un très grand nombre de réseaux d'ordinateurs parallèles (municipaux, académiques et commerciaux), progressivement intégrés dans un grand « réseau de réseaux » que l'on appellera rapidement Internet. L'outil aura le succès que l'on sait grâce notamment au développement des technologies Web dans les années 1990, qui permettent un accès facile aux contenus en ligne. Les sites de rencontres sont parmi les premières plateformes interactives lancées sur la nouvelle « Toile », devançant notamment les sites de réseaux sociaux dont le premier n'apparaît qu'en 1997[36]. Produits du Web, ces sites ne portent pas moins la marque des services de rencontres antérieurs dont ils constituent une évolution bien plus qu'une révolution.

Héritages et innovations sur Internet

En septembre 1995, un jeune magazine intitulé *Wired*, spécialisé dans les nouvelles technologies et devenu depuis célèbre, consacre un article à ce qui est présenté comme un nouveau « service de rencontres interactif et numérique » apparu aux États-Unis[37]. Il s'agit de Match.com, le premier site de rencontres sur Internet. Il est produit par une entreprise nommée Electric Classifieds Inc., littéralement « petites annonces électroniques », une des premières sociétés dédiées à la vente d'annonces sur Internet. En reprenant les rubriques classiques des pages d'annonces publiées dans les journaux, l'entreprise lance la même année une série de sites avec pour noms de domaines Jobs.com (emploi), Autos.com (véhicules), Housing.com (logement), et enfin Match.com (rencontres). Comme l'explique le fondateur dans une interview en 2011, « l'idée initiale [c'était] de faire des petites annonces mais de les rendre numériques[38] ».

---

36. danah boyd et Nicole B. Ellison, « Social Network Sites. Definition, History, and Scholarship », *Journal of Computer-Mediated Communication* 13, n° 1, 2007.

37. Todd Krieger, « Love and Money », *Wired*, 3 septembre 1995, n° 3.

38. David Gelles, « Inside Match.com », *Financial Times*, 29 juillet 2011.

Le concept fait rapidement des émules. Des sites du même type se diffusent progressivement en Amérique du Nord mais aussi en Europe où ils sont importés en même temps que le nouveau réseau. Les premiers sites de rencontres en langue française sont lancés dès la fin des années 1990 à l'instar de Netclub.fr (1997) et Amoureux.com (1998) même si l'accès à Internet est alors très réduit en France. Parmi les acteurs économiques qui investissent ce nouveau marché de « rencontres en ligne » figurent les éditeurs de petites annonces et les entreprises spécialisées dans les messageries. C'est le cas aux États-Unis où les entrepreneurs à l'origine des BBS lancent leurs services sur Internet, mais c'est aussi vrai en France où certaines « messageries conviviales » migrent vers la nouvelle Toile. Le service emblématique « 3615 ULLA » apparaît ainsi sur Internet dans les années 2000 sous le nom de Ulla.com.

Cette filiation avec les services antérieurs se repère également dans l'architecture des sites. Le « Minitel rose » et les BBS héritent en partie leur organisation des agences et des annonces matrimoniales qu'ils lèguent, à leur tour, aux sites de rencontres. L'exemple le plus frappant est celui de l'« annonce ». Ces autoportraits en texte libre font l'objet d'un exercice d'écriture particulier, propre aux services de rencontres, dont le format se perpétue dans le temps et entre les différents dispositifs. Le style « annonce », comme le souligne Maurice Garden au sujet des petites annonces de la fin du XIXe siècle, « est immédiatement employé et ne subit que peu de variations au cours du siècle[39] ». Il se retrouve sur les messageries conviviales où les textes « ne se différencient pas de ceux présentés dans les petites annonces ou les rubriques *Rencontres* des journaux[40] ». Ce même format se retrouve enfin sur les sites de rencontres où l'autoportrait est justement baptisé « annonce ».

---

39. Garden, « Les annonces matrimoniales dans la lunette de l'historien », *loc. cit.*, p. 290.

40. Michel de Fornel, « Une situation interactionnelle négligée : la messagerie télématique », *Réseaux*, n° 38, 1989, p. 42-43.

Héritiers directs des anciens services, les sites de rencontres vont pourtant connaître un destin différent. Portés par la diffusion extraordinaire des pratiques numériques, ils rencontrent une certaine popularité et vont rapidement se démultiplier. En France comme à l'étranger, un grand nombre de sites sont lancés au cours des années 2000, portés par les nouveaux entrepreneurs du Web. Citons notamment Marc Simoncini, pionnier de l'Internet français, qui fera fortune avec un site d'hébergement de pages personnelles (iFrance.com) et qui, « à la recherche d'une nouvelle entreprise[41] », décide en 2002 de lancer Meetic.fr. S'il fait partie des pionniers, il n'est pas le seul. La croissance de l'économie numérique dans les années 2000 produit une effervescence pour les entreprises du Web et donne l'idée qu'il y a de l'argent facile à se faire sur Internet. De nombreux acteurs se lancent alors sur ce marché, et plus particulièrement dans le secteur des rencontres en ligne.

L'année 2008 constitue à bien des égards un crescendo dans cette ruée vers le monde numérique. Un inventaire réalisé cette année-là ne recense pas moins de 1 045 sites de rencontres destinés à un public français. L'étude de suivi de ces plateformes montre en revanche que peu d'entre eux accueillent des usagers réguliers et nombreux sont ceux qui vont disparaître par la suite : en 2013 (cinq ans plus tard), 37 % des sites recensés avaient déjà disparu du Web. Cet important taux de mortalité est toujours d'actualité, alimenté par une concurrence rude face à laquelle ne survit qu'une minorité.

Le marché a pourtant su se renouveler. Près de quinze ans après l'apparition du premier site de rencontres, ces services font peau neuve dans une forme mobile. Les applications voient le jour avec une nouvelle génération de téléphones portables (les smartphones) permettant d'accéder à un contenu numérique. Le premier service largement visible est l'application Grindr, lancée en 2009, à destination d'hommes gays.

---

41. Intervention télévisée de Marc Simoncini dans l'émission « Tout commence par une idée », TF1, avril 2011.

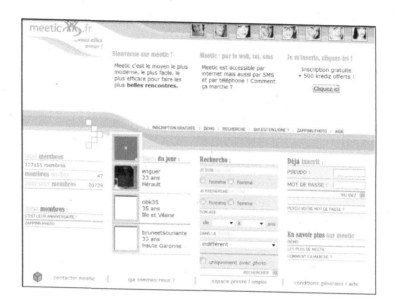

Illustration 3.   **Interface du site Meetic dans l'année de lancement en 2002**

Outre son support mobile, elle a la particularité de fonctionner par géolocalisation en affichant les profils des utilisateurs géographiquement proches de l'usager. Prenant modèle sur ce service, des applications similaires ciblant la population hétérosexuelle ont ensuite vu le jour, dont Blendr (lancé en 2011), Tinder (2012) et l'entreprise française Happn (2014). Confrontés à la concurrence de ces nouveaux services – et incités à s'adapter à la multiplicité des supports informatiques (ordinateurs, téléphones et tablettes) –, les sites traditionnels ont depuis développé leurs propres versions mobiles.

Ce changement de support s'accompagne d'une évolution du contenu : aux sites largement textuels se substituent des services très visuels où la photographie l'emporte sur l'écrit. Ces applications ne sont pas moins les petites sœurs des sites. L'héritage est visible encore une fois dans l'organisation des produits (toujours fondés sur des « profils », des critères de délimitation et des messageries) et dans les « liens familiaux »

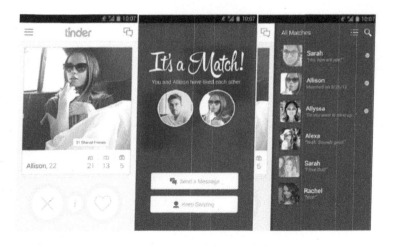

Illustration 4.   **Interface de l'application Tinder dans l'année de lancement en 2012**

qui existent souvent entre les entreprises. C'est par exemple le cas de Tinder, application à succès dont le financement est, dès l'origine, assuré par un investisseur dont Match est également la propriété. L'arbre généalogique se poursuit donc avec ces nouveaux services mobiles.

Pour la première fois depuis l'apparition du « courtage matrimonial » au XIXe siècle, les services de rencontres représentent aujourd'hui un secteur florissant. À ce titre, ils sont aussi un cas d'école d'un marché en développement. Si les premiers sites étaient l'œuvre d'entrepreneurs individuels, l'expansion du marché a fait entrer des investisseurs dont l'effet a été d'internationaliser le marché. Ce mouvement se prolonge souvent par l'agrandissement des groupes et le rachat des concurrents, au point de faire apparaître une situation quasi monopolistique : ce sont *in fine* quelques grands acteurs qui détiennent la majorité des marques. À cette tendance le marché des rencontres en ligne ne fait pas exception, comme le montre l'exemple emblématique de Meetic. Société à l'origine française, Meetic est aujourd'hui une entreprise internationale, détentrice d'une dizaine de sites en treize langues différentes. Elle est elle-même la propriété du groupe Match qui, outre le site éponyme, détient un grand ensemble d'autres services dont l'application Tinder, mais aussi OkCupid et PlentyOfFish par exemple. Ce groupe est lui-même la propriété d'une entreprise nommée IAC (InterActiveCorp) qui possède aujourd'hui plus d'une centaine d'entreprises différentes. Ce grand conglomérat, coté en Bourse, présentait en 2018 un chiffre d'affaires de près de 800 millions d'euros, dont 400 millions pour le seul groupe Match – une augmentation de 36 % par rapport à l'année précédente.

Marché souvent contesté de par la nature de ses activités, les rencontres en ligne sont donc un secteur tout à fait ordinaire du point de vue de son modèle économique. Elles illustrent les nouvelles réalités de l'économie contemporaine, devenue mondiale et dominée par quelques très grands groupes. Ce caractère tout à fait *conventionnel* du secteur est corroboré par l'étude du travail des gens qui en vivent.

Les techniciens de la rencontre

Les sites et les applications de rencontres sont régulièrement scrutés – notamment le design et les fonctionnalités – pour comprendre les conditions d'utilisation. Certains ont vite conclu des interfaces un changement dans les pratiques amoureuses et sexuelles. En réalité, le fonctionnement des services ne reflète pas tant les *usages* que les *conventions* d'un marché particulier. Lors de l'établissement de ces conventions, le client est souvent absent : le travail des concepteurs est certes informé par l'anticipation de la « demande », mais il répond aussi à des considérations propres au métier. S'il existe une « philosophie des sites de rencontres » comme l'affirment certains observateurs[42], cette philosophie n'est donc pas abstraite et désincarnée mais portée par des acteurs situés. Concepteurs, et hommes hétérosexuels pour une large majorité

---

42. Marc Parmentier, *Philosophie des sites de rencontre*, Paris, Ellipses, 2012.

d'entre eux, ils travaillent la rencontre pour la mettre en marché. Les produits finis portent la marque de ces « techniciens de la rencontre », et tout particulièrement leur conception des relations intimes et leur idée de ce que « veulent » les hommes et les femmes, mais aussi l'image qu'ils se font de leur propre métier. Travaillés aussi par des stratégies de marketing bien établies, les services qui en découlent reposent sur trois principes fondamentaux que sont le mimétisme, la segmentation et l'investissement dans les stéréotypes.

La force du mimétisme

Lorsque Internet se diffuse en France au début des années 2000, le réseau est perçu comme un vaste Klondike : ce *Far West* promettant des richesses aux pionniers qui s'y ruent. C'est ainsi que les entrepreneurs français regardent vers les États-Unis et importent souvent à l'identique des modèles d'entreprises déjà florissants outre-Atlantique. C'est le cas par exemple de Caramail, plus ou moins explicitement copié du service américain Hotmail, qui devient rapidement une des plus grandes plateformes de webmail et de chat en France. C'est aussi le cas des sites de rencontres. En 2002, les bénéfices engendrés aux États-Unis par ces sites Internet sont déjà estimés à plus de 300 millions de dollars, ce qui en fait le secteur d'e-commerce le plus rentable à l'époque[43]. Loin d'adapter le service au public national, les concepteurs français mettent en place des espaces de rencontres quasiment identiques aux prototypes étatsuniens. C'est le cas des sites Netclub et Meetic – conçus sur le modèle de Match – qui deviendront par la suite, à leur tour, des étalons pour le marché français. Les entretiens conduits avec quelques-uns des tout premiers concepteurs de sites de rencontres en France révèlent ce fort mimétisme dont la profession fait preuve.

---

43. « Online Paid Content US Market Spending Report », Online Publishers Association, mai 2003.

Je n'ai pas vraiment réinventé la roue. Je me suis dit il y a des gens qui ont réfléchi. Les gens qui tenaient Netclub étaient quatre personnes à la base. Je me suis dit, ils ont réfléchi à comment faire ça. C'est un site qui marche bien, il est sympa, il est convivial. On va essayer de faire pareil [Nicolas, 38 ans, concepteur d'un site lancé en 2000].

On a fait une moyenne de tout ce qui existait. Un peu de Meetic, un peu de Netclub, un peu de tous les sites de rencontres dans le monde d'ailleurs. On a fait une moyenne [Julien, 32 ans, concepteur d'un site lancé en 2001].

Cette pratique qui consiste à prendre modèle sur d'autres n'est pas spécifique aux sites de rencontres. C'est au contraire une tactique professionnelle observée parmi la plupart des secteurs économiques. Sous le terme d'« isomorphisme », Paul DiMaggio et Walter Powell désignent cette tendance à imiter les concurrents, qui participe à une forte uniformisation des produits et des services proposés[44]. Progressivement, les modèles établis par les pionniers sont érigés en standards par un processus d'autorenforcement : lorsque de nouveaux acteurs se lancent sur un marché, ils sont confrontés à des normes de production avec lesquelles ils doivent composer.

De ce phénomène d'homogénéisation, les sites et les applications fournissent un cas d'école. Les concepteurs se montrent très attentifs aux concurrents, dont ils recopient à la fois le design et l'architecture des sites. Bien plus qu'ils ne tentent d'innover, ils cherchent à tirer bénéfice de ce qui est perçu comme le savoir-faire des autres : « On a évité d'aller à contre-courant, on est allés dans la bonne vague » [Mathieu, 33 ans, concepteur]. Les nouveaux acteurs marchent donc dans les pas des pionniers. Ce même phénomène s'observe quinze ans plus tard lorsque se développent les applications mobiles. Les entreprises en vue aux États-Unis deviennent rapidement

---

44. Paul DiMaggio et Walter Powell, « The Iron Cage Revisited. Institutional isomorphism and collective rationality in organizational fields », *American Sociological Review* 48, n° 2, 1983.

des modèles pour les entrepreneurs français qui copient leurs produits. Les services finissent par se ressembler au point de se confondre : la photographie est affichée en grand, le pseudonyme indiqué au coin de l'écran, les profils se glissent à droite (sollicitation) ou à gauche (rejet) et l'intérêt mutuel se manifeste sous forme de « match »… Les principes de fonctionnement sont rapidement établis et rarement renouvelés.

Ce mimétisme est d'autant plus fort que les concepteurs ne revendiquent aucune compétence particulière en matière de rencontres. Ils se distinguent à cet égard des agents matrimoniaux qui affirment un savoir-faire propre, mais aussi des pornographes étudiés par Mathieu Trachman, qui fournissent un contre-exemple heuristique. Ces professionnels, comme le montre l'auteur, relativisent les compétences proprement techniques nécessaires à la réalisation d'un film pornographique (tout le monde saurait se servir d'une caméra), mais revendiquent en revanche « des compétences sexuelles qui les distinguent des hétérosexuels ordinaires[45] ». Les concepteurs des sites et des applications, c'est tout l'opposé. Récusant la nécessité de savoirs particuliers dans le domaine de la rencontre, ils insistent en revanche sur l'importance d'une expertise technique pour réussir dans leur domaine. S'identifiant comme des entrepreneurs du Web avant tout, ils se présentent volontiers comme de simples « techniciens » de la rencontre. Cette vision du métier est particulièrement bien illustrée par les propos de Marc Simoncini, fondateur de Meetic, qui conteste le besoin de compétences spécifiques pour gérer une entreprise comme la sienne :

> **Journaliste :** Meetic, ça a été un phénomène de société. Est-ce que ça vous a transformé en sociologue ou en analyste de votre époque ? [...] Ça vous a changé ou pas ? Vous êtes un marieur !
> **Marc Simoncini :** Oui, mais alors ce n'était pas ma vocation. Moi, je fais de l'Internet. J'ai abordé Meetic

---

45. Mathieu Trachman, *Le Travail pornographique. Enquête sur la production de fantasmes*, Paris, La Découverte, 2013, p. 13.

comme un *business model* qui était plutôt formidable. Et puis, on m'a tellement interrogé sur les relations hommes-femmes. Voyez, la première question [de l'émission] c'était comment les Suédois se rencontrent. Qu'est-ce que j'en sais moi de comment ils se rencontrent ? [...]

Journaliste : Ce qui est surprenant, c'est que vous devriez avoir à domicile un anthropologue ou un sociologue dont le coût de fonctionnement ou la masse salariale ne seraient pas énormes, pour scruter tout ça et éventuellement vous aider à évoluer ou à interpréter toutes ces données. On est surpris que ça marche tout seul finalement.

Marc Simoncini : Oui, exactement ! Meetic, il ne faut pas perdre de vue que ça n'est qu'un outil. Moi, ce que j'ai trouvé, c'est une plateforme que les gens ont bien aimée pour se rencontrer. Ce n'est pas moi qui fais Meetic. Meetic, ce n'est rien ! Meetic, ce n'est que les gens qui sont dessus [interview avec Marc Simoncini, dans « Parlons Net », FranceInfo 19 juin 2010].

Dans cet entretien radiophonique, le journaliste relance à plusieurs reprises sur l'expertise qu'il considère devoir être au fondement de cette entreprise : en tant que « marieur », le fondateur de Meetic n'est-il pas devenu un spécialiste de la rencontre ? L'étonnement est manifeste face à un service qui « marche tout seul », c'est-à-dire sans expert aux manettes. Sensiblement agacé, l'invité souligne qu'une quelconque expertise n'a pas lieu d'être sur un site de rencontres. En tant que concepteur, il n'aurait aucun rôle à jouer dans le fonctionnement du service qui est présenté comme une plateforme autogérée. Cette ignorance revendiquée sur les sujets d'amour et de sexualité reflète en partie la réalité. Manageurs, web-créateurs ou informaticiens de formation, les concepteurs des sites font rarement d'études sur les rencontres amoureuses ou sexuelles. Ils analysent peu « toutes leurs données », comme le suggère le journaliste ci-dessus, et admettent volontiers ne pas savoir – et ne pas chercher à connaître – ce que les « gens font » sur leurs plateformes. Face aux journalistes, comme à la sociologue, les discours concordent pour dire qu'ils fournissent simplement un cadre aux interactions sur lesquelles ils n'auraient aucune prise.

Ce discours est un argument de vente. Insister sur la non-ingérence dans les rencontres en ligne, c'est présenter un service en harmonie avec le code romantique où les partenaires sont invités à se trouver sans l'intervention d'un tiers. C'est plus généralement adopter l'idéologie des plate-formes numériques, couramment présentées comme des « communautés » en ligne, c'est-à-dire des réseaux horizon-taux qui ne seraient constitués que de la somme des inscrits. Contrairement aux agents matrimoniaux qui cherchaient à donner un « visage » à leurs services, les concepteurs tentent de se faire invisibles. La légitimité qu'ils revendiquent ne réside pas dans leur savoir sur la rencontre mais, au contraire, dans l'absence d'une telle compétence. Curieusement, la négation d'un domaine d'expertise se trouve ici au cœur du métier : simples entrepreneurs du numérique, ils font un service de rencontres pas comme les autres.

Le mimétisme des concepteurs se nourrit d'ailleurs de cette culture professionnelle. Investissant le métier princi-palement par ses aspects techniques et entrepreneuriaux, les concepteurs font preuve d'une certaine prudence dans la mise en forme des outils. Il s'agit de « faire simple » comme l'expliquent plusieurs des personnes interviewées, signifiant par là qu'il ne faut pas trop sortir des sentiers battus. Plutôt que l'audace ou la novation, ils cherchent donc le perfec-tionnement des modèles déjà en place. Il en résulte une forte standardisation des outils : aussi bien l'architecture que le design sont repris d'une plateforme à l'autre. À l'origine innovants, ces nouveaux services se sont rapidement trans-formés en conventions.

L'économie de la segmentation

Fortement standardisés, les sites et les applications sont aussi segmentés. Le paradoxe n'est qu'apparent. Car si la ressem-blance des services a trait aux fonctionnalités proposées, la différenciation se fait principalement sur les publics visés. Il existe désormais un grand nombre de services ciblant des populations spécifiques. Les usagers sont identifiés, distingués et interpellés selon des critères multiples, dont l'âge (services adolescents ou seniors), le lieu d'habitation (Parisiens et provinciaux), l'origine géographique ou « ethnique » (Maghrébins, Turcs, Portugais, Antillais et services dits « black »), la confession religieuse (chrétiens, juifs et musulmans) et le milieu social (services à *numerus clausus* ou « par affinités », dits « VIP » ou « élite »). Cette segmentation caractérise les sites de rencontres dès leur origine mais s'accentue au cours des années 2000 : au moment du recensement réalisé en 2008, près de deux sites sur cinq prenaient pour cible une population spécifique (38 %). Elle concerne désormais aussi les applications mobiles.

La presse aime y voir un véritable « phénomène de société ». La spécialisation des services a fait couler beaucoup d'encre et se trouve dépeinte comme une nouvelle forme d'entre soi. Entre les lignes guette le spectre du communautarisme qui concerne tout particulièrement la population issue de l'immigration : les plateformes présentées comme musulmanes ou maghrébines concentrent une grande partie des reportages consacrés aux services ciblés et au prétendu « repli sur soi ». Appuyés par des experts invités à décoder le phénomène, les reportages dressent un constat limpide : entre les Français, les frontières se dressent et les services de rencontres « surfent sur cette vague communautaire[46] ».

En réalité, la multiplication de ces plateformes ciblées traduit avant tout une tactique de marketing. Face à un marché dominé par un petit nombre d'entreprises, les nouveaux acteurs cherchent à différencier les consommateurs dans l'objectif d'occuper des « segments de marché ». Les concepteurs eux-mêmes sont les premiers à le dire : « C'est une question économique, il faut le voir du point de vue des entrepreneurs : tu réussis mieux si tu te focalises » [Ben, 41 ans, concepteur]. Confrontés aux services dits « grand

---

46. Laurent Carpentier, « Sites à part pour trouver l'âme sœur », *Le Monde Magazine*, 20 novembre 2010.

public », les concepteurs privilégient donc une concurrence non plus *frontale* – création de produits semblables à ceux des entreprises dominantes – mais *latérale*, en faisant des sites et applications destinés à des populations spécifiques[47]. Il s'agit d'une stratégie bien connue – décrite dans nombre de manuels de marketing – qui guide les entrepreneurs des rencontres en ligne.

> Au niveau de l'image, il faut choisir son positionnement. C'est sûr qu'aujourd'hui celui qui va attaquer généraliste, site de rencontres grand public, bon courage, il y a du monde. Il faut se lever tôt et il va falloir attendre plusieurs années avant de bien ressortir et d'avoir un catalogue d'inscrits intéressant. Donc, aujourd'hui, je pense que c'est plus facile de se positionner sur une niche tu vois, par exemple senior ou peu importe, ce que tu veux [Mathieu, 33 ans, concepteur].

Selon cette doctrine économique, la population cible est assimilée à une « niche » potentiellement rémunératrice et ne doit pas prendre la forme d'une « communauté » ou d'un groupe social constitué pour intéresser les concepteurs. C'est que ces derniers, plutôt qu'ils ne tentent d'identifier des groupes supposés endogames, proposent surtout des *genres* qui font écho à des « styles de vie » véhiculés par ailleurs. Il en résulte une prolifération de services parfois abracadabrants, les uns plus spécifiques que les autres : rencontres entre « écolos », « geeks », « bcbg », « amateurs de foot », sympathisants « de gauche » ou « de droite »... Cette profusion de produits différenciés est caractéristique des marchés contemporains. Au « client moyen » s'est substituée une multiplication de « figures » de consommateurs auxquelles on attribue des goûts et des motivations différentes[48]. Cette différenciation

---

47. Pierre Bourdieu, « Le champ économique », *Actes de la recherche en sciences sociales* 119, n° 1, 1997.

48. Franck Cochoy, « Figures du client, leçons du marché », *Sciences de la société*, n° 56, 2002 ; Fabien Ohl, « La construction sociale des figures du consommateur et du client », *Sciences de la société*, n° 56, 2002.

des cibles est aussi visible dans l'industrie pornographique, comme le montre Mathieu Trachman, dont les films proposaient autrefois des scénarios relativement similaires en termes d'acteurs et de pratiques sexuelles, mais qui ont progressivement cédé la place à des films « de niche », mettant en scène des fantasmes spécifiques pour des publics différents[49]. C'est plus généralement le cas de l'industrie culturelle qui, dans les termes d'Éric Macé, se caractérise par une « spirale inflationniste de "nouveautés"[50] ». L'enjeu consiste à lancer de nombreux produits différents afin de définir, *a posteriori*, « ce qui marche ». Cette stratégie économique explique à la fois la diversité des sites et des applications de rencontres, et leur important taux de renouvellement.

Cette segmentation ne déroge pas pour autant à la forte standardisation évoquée précédemment. Les créateurs des services « de niche » font preuve d'un même mimétisme que les autres concepteurs : loin de proposer des espaces sur mesure, ils fournissent des plateformes qui ressemblent fortement aux services dits « généralistes ». Bien souvent, seul le nom du site ou de l'application témoigne de la population ciblée. C'est ce qu'explique cet entrepreneur qui gère plusieurs sites de rencontres, dont un qu'il qualifie de « grand public » (ciblant en réalité une population hétérosexuelle) et quatre autres, présentés respectivement comme des services senior, « black », gay et lesbien. Cette différenciation des utilisateurs n'a aucune influence sur l'organisation effective des sites :

> Il n'y a pas de spécificité, c'est la même plateforme de toute façon. Si tu veux, on est à l'ère du fordisme là […]. Quand Renault fait sa Mégane, le châssis est réutilisé pour d'autres voitures […]. Donc on sort une plateforme et on la duplique [Mathieu, 33 ans, concepteur].

---

49. Trachman, *Le Travail pornographique*, *op. cit.*

50. Éric Macé, « Mouvements et contre-mouvements culturels dans la sphère publique et les médiacultures », *in* Éric Maigret et Éric Macé (dir.), *Penser les médiacultures. Nouvelles pratiques et nouvelles approches de la représentation du monde*, Paris, Armand Colin, 2005, p. 54.

Le mimétisme trouve même une prolongation dans le cas de ces services ciblés. Les concepteurs tendent en effet à investir dés niches identifiées par d'autres. Il n'est pas rare que les populations cibles soient d'abord objets de sites et d'applications aux États-Unis avant que le « concept » ne soit importé en France et repris par plusieurs entreprises. C'est par exemple le cas des sites de rencontres « extraconjugales », s'adressant à une population mariée, qui se sont multipliés en France à la fin des années 2000. Le premier site du genre, AshleyMadison, est lancé en Amérique du Nord (États-Unis et Canada) en 2002 par une société présentée comme spécialisée dans les sites de niche (*targeted niche brands*). Le concept est repris par une société française qui lance en 2009 la plateforme Gleeden dont la publicité suscite une certaine attention, comme nous l'avons vu précédemment. Lors d'un entretien réalisé avec des membres de l'équipe de ce site, l'attachée de presse avoue sans gêne que le service est largement calqué sur son équivalent nord-américain et que son origine est plutôt opportuniste : les fondateurs « ont voulu lancer un site de rencontres en France et se sont demandé ce qui n'avait pas déjà été fait » [Isabelle, 27 ans, attachée de presse]. Ils développent alors le même concept en français en reprenant largement les fonctionnalités du prototype nord-américain étant, comme le dit encore cette employée, « obligés de suivre ce qui se passe » sur le marché. La forte visibilité du site conduit d'autres acteurs en France à proposer des produits quasiment identiques à la fois en termes de design et de communication provocatrice. Alors qu'un seul site de rencontres extraconjugales avait été recensé en 2008 – avant le lancement tonitruant de Gleeden – on compte, depuis, plusieurs dizaines de plateformes spécialisées en la matière. Plutôt qu'elles ne reflètent une présumée montée de l'infidélité des Français, ces initiatives sont un exemple de pratiques de segmentation tout juste sorties d'un manuel de marketing.

L'investissement dans les stéréotypes

Standardisés et segmentés, les services de rencontres sont enfin fortement stéréotypés. Les concepteurs puisent volontiers dans les clichés pour produire des images et des discours convenus. La stratégie, bien connue des publicitaires, consiste à « utiliser des scènes et des personnages stéréotypés que la grande majorité des spectateurs a depuis longtemps identifiés à telle ou telle activité, si bien que la compréhension immédiate est assurée[51] ». Loin de s'aventurer en dehors des sentiers battus, les concepteurs mobilisent donc des symboles sans équivoque, supposés intelligibles par tous. Deux registres stéréotypiques sont plus précisément mobilisés.

D'abord, les sites et les applications de rencontres sont organisés selon une opposition traditionnelle entre *sexe* et *amour*. Cette distinction donne lieu à deux types de services qui, dans les termes des concepteurs, correspondent à deux « produits » distincts. D'une part, ce sont des espaces dits « sérieux », à l'image épurée et pudique, qui proposent des rencontres à tonalité amoureuse, voire amicale. D'autre part, il s'agit d'espaces sexuellement explicites, à la publicité provocatrice, mettant en scène des rencontres « sexy », des « plans cul » ou des rencontres « infidèles ».

Ces deux univers symboliques sont dotés de couleurs et d'imageries différentes comme le montre l'analyse des interfaces. Les services dits « sérieux » sont coloriés dans des nuances claires dont la tonalité est sobre, avec une préférence pour le blanc, le bleu et le gris. Les logotypes apportent une touche de rose ou de rouge et jouent volontiers avec les symboles de l'amour ou de la passion : cœurs, flèches et flammes. Les services explicites sont, eux, drapés dans des couleurs foncées et chaudes avec une prédilection pour le noir, le rouge et le mauve. Ils sont accompagnés de figures de la tentation dont les diables, les pommes et les masques

---

51. Erving Goffman, « La ritualisation de la féminité », *Actes de la recherche en sciences sociales* 14, n° 1, 1977, p. 37.

de carnaval. Ces oppositions se retrouvent dans les photographies commerciales dont usent les entreprises pour faire leur communication. Alors que les services dits « sérieux » sont illustrés par des couples souriants aux cheveux bruns et vêtements clairs, les espaces explicites préfèrent les femmes seules, blondes ou rousses et nettement plus dénudées.

Ces imaginaires, n'importe qui saura les reconnaître comme des stéréotypes véhiculés notamment par la publicité. En effet, les concepteurs ne cherchent pas la subtilité : ils mobilisent abondamment des clichés dans l'objectif de bien différencier les services. Par la sélection de couleurs, de photographies et de symboles bien connus, il s'agit d'inscrire les produits proposés dans un univers symbolique donné : sexe ou amour.

Cette distinction est avant tout un choix de communication. Comme le montrent les entretiens conduits avec les concepteurs, l'objectif n'est pas réellement de distinguer les rencontres amoureuses et sexuelles, mais de donner une certaine *image* du service. Cet enjeu est particulièrement fort pour les services dits généralistes ou grand public qui puisent largement dans le registre « sérieux ». Fondée sur une « présomption d'hétérosexualité » pour emprunter un terme à Judith Butler[52], ces sites et applications ont pour cibles implicites des individus hétérosexuels, considérés comme le public par défaut. Le mot d'ordre est ici le sexuellement implicite. Les services sont présentés comme des lieux de rencontres amoureuses, voire amicales, comme l'illustre la façade très chaste de l'application Tinder que l'entreprise fondatrice insiste à présenter comme un « réseau social », et dont toute allusion sexuelle est strictement bannie de la communication officielle. La majeure partie des services du même type, que l'on peut appeler « hétéro-orientés », applique la même politique, fondée sur la censure de tout contenu explicite. Les entrepreneurs interviewés insistent sur cette nécessité de présenter des espaces neutres et pudiques, comme par

---

52. Judith Butler, *Trouble dans le genre. Le féminisme et la subversion de l'identité*, Paris, La Découverte, 2005.

exemple Julien, fondateur d'un site « grand public » et particulièrement soucieux de l'image « propre » de son service :

> — Je voulais avoir une image très propre, après les gens font ce qu'ils veulent de l'autre côté, mais une image très propre [...]. Il faut que tout à l'intérieur du site soit très très propre ! C'est le même système que Meetic !
> — **Quand tu dis propre, tu veux dire quoi ?**
> — C'est-à-dire que tout ce que font les adultes consentants en dehors du site, ça ne nous regarde pas. Tout ce qu'ils font à l'intérieur du site, c'est à demi-mot [Julien, 32 ans, concepteur].

Récurrents dans les discours recueillis auprès des concepteurs, le terme « propre » désigne des espaces qui affichent une devanture chaste et aseptisée. Ce ne sont pas les usages qui sont en jeu, comme le confirme ici Julien, mais bien l'image des services. Cette façade de « propreté » s'adresse en réalité à un public particulier : les utilisatrices. Car si les services de rencontres puisent dans une opposition stéréotypée entre sexe et amour, ils reposent aussi sur ce que Nathalie Bajos, Michèle Ferrand et Armelle Andro appellent une « vision différentialiste de la sexualité des hommes et des femmes[53] ». Selon une distinction largement véhiculée par ailleurs, les concepteurs opposent en effet la sexualité des hommes – envisagée comme une sexualité *pour soi*, associée à une libido importante – et celle des femmes, considérée comme une sexualité *relationnelle*, davantage effacée et associée au cadre conjugal. C'est ainsi que les gages de « sérieux » donnés par les services dits généralistes visent en réalité un public spécifique :

> Pour nous, les femmes, c'est très important. C'est ce positionnement sérieux, grand public. C'est des rencontres sérieuses. Ici, vous n'allez pas recevoir... la longueur du pénis de celui qui vous parle [information qui figure sur certains services gays]. Non, vous allez pouvoir faire

---

53. Nathalie Bajos, Michèle Ferrand et Armelle Andro, « La sexualité à l'épreuve de l'égalité », *in* Nathalie Bajos et Michel Bozon (dir.), *Enquête sur la sexualité en France. Pratiques, genre et santé*, Paris, La Découverte, 2008.

quelque chose de votre vie quoi. Enfin, on essaye de répondre en priorité aux besoins des femmes [Mathieu, 33 ans, concepteur].

C'est parce qu'ils sont soucieux d'attirer des utilisatrices que les concepteurs mettent en place des espaces pudiques. Le positionnement « sérieux » participe en effet d'une politique de communication visant en premier lieu les femmes. Ces dernières sont considérées comme un public « difficile » par les hommes entrepreneurs qui manifestent une grande attention aux utilisatrices. Cette précaution – qui conduit de nombreux concepteurs à vendre leurs services comme des espaces « pensés pour les femmes » – repose sur l'idée que les femmes ont des « besoins » particuliers dont il faut tenir compte, mais elle exprime aussi une incertitude quant à la nature de ces besoins. Convaincus d'une spécificité de la sexualité féminine, les concepteurs sont moins sûrs de ce en quoi elle consiste. Ils s'appliquent ainsi à créer des espaces dépouillés de tout contenu qui pourrait potentiellement heurter. Politique assertive de la différence des sexes, c'est aussi une stratégie défensive : dans l'incertitude de ce que « veulent » réellement les femmes, tout doit être « propre » pour que rien ne puisse déplaire.

Cette prudence se trouve renforcée dans le cas de l'entre-soi féminin. Décrite comme un « public particulier » par un des concepteurs interviewés, la population lesbienne dispose de très peu de services de rencontres, en comparaison notamment avec la population gay. Parce que les métiers du numérique sont principalement occupés par des hommes, et parce que ces entrepreneurs considèrent les lesbiennes comme une cible « risquée », les rencontres entre femmes sont rarement dotées d'espaces propres. Lorsque c'est le cas, il n'est pas rare que les services soient présentés comme des « réseaux sociaux ». Leur faible nombre et ce caractère amical témoignent de la difficulté des concepteurs à penser la sexualité entre femmes, voire à imaginer une sexualité tout court en absence d'un homme.

Si l'image « sérieuse » vise donc les femmes, ce sont à l'inverse les hommes qui constituent la cible des services sexuellement explicites. Ces espaces à caractère sexuel sont en effet envisagés comme des lieux d'entre-soi masculin. C'est vrai bien sûr pour les sites et les applications gays dont l'imagerie est souvent très dénudée. Mais, de façon plus étonnante, c'est aussi le cas des espaces hétérosexuels. Pour les concepteurs, les sites consacrés au sexe ne s'adressent au fond qu'aux hommes :

> C'est un produit qui s'appelle Sexy [nom modifié] mais qui n'est plus du tout dans un mode de rencontres celui-là, puisque c'est que du fantasme. C'est-à-dire que c'est des gens qui parlent de cul entre eux et il n'y a jamais d'échange de numéros de téléphone, il se passe rien de réel. On soupçonne que la plupart de femmes dessus sont des hommes qui se font passer pour des lesbiennes et qui parlent à d'autres hommes qui se font eux-mêmes passer pour des lesbiennes. Enfin, c'est très compliqué. [...] En gros, c'est un déversoir pour les hommes [Grégoire, 46 ans, concepteur].

Ciblant les hommes et pensés comme des espaces à finalité fantasmatique, les sites et les applications explicites sont pour la plupart des produits pornographiques avant d'être des espaces de rencontres. Que la cible soit les hommes est évident au vu des images affichées (mettant en scène des femmes nues) et de la présentation écrite des services qui s'adressent à l'homme en tant que client et présente les femmes comme des partenaires potentielles. Ce sont, comme le dit un concepteur, des espaces à destination des hommes qui « viennent pour regarder un certain type de photos » [Ben, 41, concepteur]. Feignant d'être des espaces de rencontres – où les utilisateurs pourraient faire « des rencontres avec des femmes qui en veulent toujours plus » (Casualdating.com) –, ces services sont un nouveau genre de sites pornographiques, mettant en scène le fantasme masculin de femmes sexuellement disponibles et à leur disposition. Lorsque la presse découvre, souvent à l'occasion d'opérations de piratage, que les utilisateurs sont surtout des hommes et que les profils féminins sont souvent des « faux » ou des robots, les concepteurs sont les derniers à s'en étonner, regrettant simplement la levée d'un secret professionnel.

> Les sites qui sont dans ce business-là, où on voit « plan d'un soir », « rencontres d'un soir », de toute façon, moi je ne sais pas, mais je vois mal des femmes se dire "tiens, je vais m'inscrire pour un plan d'un soir". Ça n'existe pas. Bon, ça doit exister mais c'est aussi qu'on sait le business qu'il y a derrière dans ces sites. C'est des hommes en majorité qui vont s'inscrire dessus à 95 %, puis les 5 % restants, c'est 2,5 % de prostituées qui viennent tafer et puis, la nuit, peut-être 2,5 % de nymphomanes en France [Farid, 36 ans, concepteur].

Aux femmes, donc, les services « sérieux », aux hommes les produits explicites. Les sites et les applications de rencontres sont à ce titre une innovation résolument conventionnelle, organisés selon une opposition stéréotypée entre sexe et amour, renvoyant de façon traditionnelle les hommes au premier et les femmes au second. Selon un concepteur interviewé, « les hommes viennent de Mars, les femmes de Venus ; ils veulent des choses différentes » [Ben, 41 ans]. Or l'enquête révèle aussi que les créateurs de sites et d'applications usent de ces stéréotypes de façon routinière. L'objectif est d'abord économique : ils manipulent les clichés comme des outils de communication, permettant de se rendre visible et de vendre des produits intelligibles. Ainsi, ils n'aspirent pas tant à séparer les rencontres amoureuses et sexuelles qu'à soigner leur image. La catégorisation des relations intimes vise surtout à proposer des produits différenciés, « après les gens font ce qu'ils veulent de l'autre côté » comme le dit Julien [32 ans, concepteur]. Pour investir dans les stéréotypes, les concepteurs n'ont pas besoin d'y croire.

Une affaire d'hommes

> C'est exactement comme dans les boîtes de nuit à Paris, ils font des *Ladies Night* pour une raison. C'est que les

hommes n'ont pas envie de sortir dans une, excuse-moi pour l'expression, dans une « fête de slips » [*sausage fest*]. Tu n'as pas envie d'aller dans un bar et de payer des verres si tout ce que tu vois, ce sont d'autres hommes. Dans ce cas-là, mieux vaut aller voir un match de foot ! Ce que tu veux, c'est aller dans un bar où il y a plein de jolies filles. C'est comme ça que le monde fonctionne, tu sais. C'est ça que veulent les hommes [Ben, 41 ans, concepteur].

Le propos a le mérite d'être clair : sur les sites et les applications de rencontres, c'est l'homme le client. C'est ce qu'explique ici Ben, concepteur d'un grand service nord-américain également disponible en France, lorsque nous l'interrogeons sur son système de financement. Par l'analogie avec les boîtes de nuit, il cherche à nous faire comprendre pourquoi – sur son site comme sur d'autres – ce ne sont que les hommes qui payent. En effet, parmi les services soumis à des frais d'usage (que ce soit par abonnement ou tarification de certaines fonctionnalités) nombreux sont ceux qui exemptent les femmes de cette obligation. Même lorsque les deux sexes sont invités à contribuer, il existe souvent des moyens pour les femmes de s'en dispenser. Aussi les hommes sont-ils bien plus nombreux à avoir payé pour faire des rencontres en ligne. En 2013, parmi les personnes âgées de 26 à 65 ans et ayant fréquenté un site de rencontres, 45 % des hommes déclaraient avoir déjà souscrit à un « abonnement » contre seulement 18 % des femmes[54].

Les rencontres en ligne sont donc principalement une affaire d'hommes. Ce sont des concepteurs – très largement des hommes – qui s'adressent à des clients masculins, cherchant à répondre en premier lieu à ce « que veulent les hommes », à savoir « plein de jolies filles » comme le dit Ben non sans connivence masculine. Dans ce modèle économique, les femmes s'apparentent plutôt au service proposé : ce qui est vendu est la mise à disposition de profils féminins et des moyens de contact avec les utilisatrices. Si les concepteurs

---

54. Enquête « Épic », Ined-Insee, 2013-2014.

sont soucieux, comme nous venons de le voir, de proposer des services qui plaisent aux femmes – où elles se sentent « à l'aise » et sont « en confiance » comme ils le précisent –, ils admettent aussi volontiers que leur présence correspond plutôt au moyen qu'à l'objectif final :

> — **Vous disiez que le site est pensé pour les femmes. Pourquoi il faut s'adapter aux femmes ?**
> — Parce que je pense que s'il y a des femmes sur le site, quoi qu'il arrive, les hommes viendront [...] donc il faut trouver un moyen de les choyer [Christophe, 29 ans, concepteur].

Il faut plaire aux utilisatrices afin d'avoir des utilisateurs, c'est-à-dire des clients. Ce système de financement des services de rencontres – c'est-à-dire l'attribution de la charge financière aux hommes – s'inscrit dans ce que Paola Tabet appelle un « échange économico-sexuel » dans lequel sont prises les relations hétérosexuelles[55]. Que les hommes payent pour réaliser des rencontres avec des femmes n'est pas spécifique à l'univers numérique. L'achat de boissons, d'aliments, de fleurs, de tickets de cinéma, etc. constituent autant de dépenses qui traditionnellement incombent au partenaire masculin lors des rencontres hors ligne. Envisagés comme des *dons,* ces objets ne s'inscrivent pas moins dans un échange dont le contre-don est celui de l'accès à la sexualité des femmes. S'ils font plus généralement partie d'un code de galanterie, les « cadeaux » témoignent des statuts inégaux accordés à la sexualité des hommes et à celle des femmes comme le souligne Paola Tabet :

> L'inégalité au sein même de la sexualité est affirmée et verrouillée par le don/paiement. Autrement dit, le don suppose et constamment impose une différence entre les sujets sexuels. Pour qui le reçoit, il implique un renoncement, fût-ce partiel, à ses propres besoins sexuels, à son désir propre. En ce sens, le don parle le langage de

---

55. Paula Tabet, *La Grande Arnaque. Sexualité des femmes et échange économico-sexuel*, Paris, L'Harmattan, 2004.

la domination. Le seul fait de donner systématiquement (plus ou moins systématiquement), en échange de l'acte sexuel d'une autre personne, non seulement son propre acte sexuel, mais par surcroît un don, suppose que l'on ne reconnaît pas à la sexualité de l'autre la même urgence, la même nécessité et la même autonomie[56].

Implicite au don est l'idée que les femmes ont moins envie, cèdent ou renoncent à quelque chose lorsqu'elles s'engagent dans des relations sexuelles avec des hommes, et qu'elles doivent par conséquent y être incitées ou en être récompensées. Cette logique nourrit également le système de financement des services de rencontres. L'exonération du paiement accordée aux femmes repose en effet sur l'idée qu'elles seraient moins intéressées ou disposées aux rencontres sur Internet, et qu'il faut par conséquent les inciter à se connecter. Par le même mouvement, cette exonération leur enlève le statut de clientes pour les associer plutôt aux services proposés. Comme d'autres dons, la gratuité des services suppose et impose donc, comme le dit Tabet, une « différence entre les sujets sexuels ». Investissant dans les stéréotypes de genre, les concepteurs fondent aussi leur modèle économique sur cette inégalité de statut entre femmes et hommes dans les échanges hétérosexuels – une inégalité qu'ils entretiennent activement.

* * *

Apparus au XIXe siècle, les services de rencontres sont longtemps condamnés à l'ombre et à la mauvaise presse. Produits d'un nouveau modèle matrimonial – caractérisé par le retrait des parents dans l'appariement des conjoints –, ils entrent en même temps en contradiction avec le nouveau code amoureux qui exalte la rencontre « par hasard ». Cette histoire complexe des rencontres médiatisées – tributaires des nouvelles normes conjugales mais aussi en contradiction avec celles-ci – est commune à l'ensemble des services de rencontres, surtout

56. *Ibid.*, p. 55.

en France. Alors que l'« imaginaire d'Internet » réconcilie les rencontres en ligne avec la « grammaire amoureuse » aux États-Unis, l'absence d'« utopie » entourant le réseau les garde en France dans un certain discrédit.

Cette généalogie des services de rencontres montre la permanence de la « menace » que représente l'économie pour l'amour. Tandis que les travaux sur les rencontres en ligne voudraient que le contexte contemporain soit un moment critique de métamorphose de l'amour par le capitalisme tardif, le retour historique permet de situer ce diagnostic, montrant que c'est une crainte continue tout au long du XXe et du XXIe siècle. La « crise » de la rencontre amoureuse, dont les sites et les applications seraient le symbole, apparaît plutôt comme une « crise permanente » de l'amour romantique pour emprunter le terme de Mélanie Gourarier[57]. Plutôt qu'elle n'annonce la fin de l'amour, elle participe en réalité à la réaffirmation du code amoureux, rappelant aux contemporains ce qu'est l'amour et ce qu'il n'est pas, c'est-à-dire *ce qu'il devrait être*. L'indignation et la critique sociale à l'égard des services de rencontres montrent non pas l'affaiblissement du modèle romantique, mais au contraire la forte adhésion encore à l'imaginaire amoureux.

L'étude du travail des concepteurs montre aussi comment, concrètement, les acteurs économiques travaillent la rencontre. Les sites et les applications sont un terrain privilégié pour cerner cette nouvelle réalité du marché économique qui – par le biais des pratiques numériques – s'intéresse désormais aux sphères les plus intimes de la vie sociale. Alors que la production et la réception des services de rencontres sont le plus souvent pensées ensemble – toutes les deux envisagées par le prisme d'une rationalisation croissante de l'intime –, cette étude montre la nécessité de les considérer à part. Cela permet d'insister sur une certaine autonomie du marché qui, même lorsqu'il prétend simplement répondre à la demande,

---

57. Mélanie Gourarier, *Alpha mâle. Séduire les femmes pour s'apprécier entre hommes*, Paris, Seuil, 2017.

obéit aussi à des logiques propres. Mais cela rend aussi possible de souligner une certaine indépendance des usages vis-à-vis des logiques économiques. Tout particulièrement lorsqu'elle touche à l'intime, l'économie est perçue comme un puissant vecteur de transformation des comportements. Or, si le marché travaille et publicise une série de pratiques amoureuses et sexuelles, il n'est pas certain qu'il en bouleverse pour autant le contenu. Cela veut dire que la mise en marché des rencontres ne suppose pas nécessairement une rationalisation analogue des conduites usagères. L'articulation croissante entre l'économie et l'intime invite moins à les considérer de front qu'à être attentif à leurs logiques respectives.

2

Décoder le succès

> Une femme célibataire, hétéro, qui venait de franchir la barre des trente ans. Voilà ce que j'étais en 2011, et j'imaginais encore que ma sexualité, en termes d'expérimentations, atteindrait son terminus en douceur, un peu comme le lent monorail de Disneyland glisse jusqu'au prochain arrêt. Là, je descendrais de la rame et me retrouverais nez à nez avec un autre humain et nous resterions *ad vitam aeternam* dans cette station nommée « future ».
>
> Emily Witt, *Future Sex*[1].

Comment expliquer le succès des sites et des applications de rencontres ? Répondre à cette question maintes fois posée, c'est interroger les conditions historiques et sociales qui ont favorisé l'émergence d'une nouvelle pratique. En changeant de focale depuis les dispositifs commerciaux et techniques pour s'intéresser ici aux utilisateurs, il s'agit moins de chercher la *raison d'être* de ces services – question abstraite qui appelle des réponses par trop simples et désincarnées – que de comprendre les circonstances qui ont popularisé une pratique jusque-là discréditée. Une explication par l'essor des pratiques numériques ne suffit pas. Pour comprendre la diffusion inédite des rencontres en ligne, il faut s'intéresser aux parcours affectifs et à

---

1. Emily Witt, *Future Sex*, Paris, Seuil, 2017, p. 11.

leur transformation extraordinaire au cours des dernières décennies.

Un coup d'œil dans le rétroviseur fait prendre conscience de l'ampleur des changements. Alors que, jusqu'aux années 1950, sexualité, conjugalité et mariage coïncidaient largement, ils ont depuis gagné chacun en autonomie. L'entrée dans la sexualité ne marque plus l'entrée dans la vie de couple et encore moins dans le mariage ou la vie de famille. C'est ainsi que le premier partenaire sexuel devient rarement le premier conjoint : entre les deux s'est ouverte une période de « jeunesse sexuelle » où les femmes et les hommes s'initient aux choses de l'intime « sans que la question de la vie en commun [...] ne soit à l'ordre du jour[2] ». De même, le *premier* conjoint n'est plus forcément *le seul*. La séparation amoureuse est devenue une expérience courante partagée par un Français sur deux[3]. Ces ruptures débouchent souvent sur une remise en couple et de nombreux individus vivent aujourd'hui des unions successives, même à des âges avancés. Un des grands changements survenus au cours des dernières décennies, ce sont ces nouveaux âges de la vie affective. Les parcours amoureux et sexuels, tout comme les parcours professionnels, sont devenus plus discontinus.

Les sites et les applications doivent leur succès à cette diversification de la vie intime. Espace de flirt et de rencontres, ils attirent en premier lieu les jeunes qui prennent plaisir à se séduire en ligne sans nécessairement chercher à se voir « en vrai ». Cet usage récréatif s'inscrit dans un modèle de découverte et d'expérimentation qui constitue le propre de la « jeunesse sexuelle » et pour lequel les rencontres en ligne se prêtent bien. Dissociées des réseaux sociaux, elles permettent de s'exercer au jeu de la séduction et de vivre de nouvelles expériences sans devoir en répondre devant son entourage.

---

2. Laurent Toulemon, « Entre le premier rapport sexuel et la première union. Des jeunesses encore différentes pour les femmes et les hommes », *in* Nathalie Bajos et Michel Bozon (dir.), *Enquête sur la sexualité en France. Pratiques, genre et santé*, Paris, La Découverte, 2008, p. 167.
3. Enquête « Épic », Ined-Insee, 2013-2014.

Chez les personnes plus âgées, la diffusion de la pratique trouve appui dans les enjeux spécifiques à la vie affective une fois la jeunesse finie. À l'approche de la trentaine, le désir de vivre en couple se fait plus fort en même temps que les occasions de rencontres se font plus rares. À la privatisation de la sociabilité – qui tend à se resserrer avec l'âge autour de cercles amicaux et familiaux plus étroits – s'ajoute la pénurie de partenaires potentiels dès lors que la majorité de l'entourage est déjà en couple. Les services spécialisés jouent alors un rôle important dans l'ambition de se (re)mettre en couple. Pour les jeunes comme pour les autres, ces services sont donc révélateurs des enjeux propres d'un âge donné.

Au service de la « jeunesse sexuelle »

La diffusion des rencontres en ligne a été rapide en France, comme le montrent deux enquêtes nationales. Au milieu des années 2000, lorsque moins de la moitié des foyers français étaient connectés à Internet[4], plus d'une personne sur dix, âgée de 18 à 65 ans, s'était connectée à un site de rencontres (illustration 5). Fait plus remarquable encore, ce sont les jeunes qui d'emblée ont été les plus nombreux à y avoir recours. En 2006, près d'un tiers des personnes de 18 à 24 ans avait déjà fréquenté un site de rencontres et le taux d'usage montait même à 36 % chez les jeunes femmes et 24 % chez les jeunes hommes de 18 à 19 ans. Quelques années plus tard, l'usage s'est encore diffusé et s'est même vu renouvelé par la popularité nouvelle des applications mobiles. Alors que les annonces et les agences matrimoniales attiraient surtout des personnes divorcées ou veuves, leurs successeurs numériques doivent donc leur essor en premier lieu aux jeunes.

---

4. En 2006, 42 % des ménages dans la France métropolitaine disposaient d'une connexion internet. Source : « Enquête statistique sur les ressources et conditions de vie » (SRCV), Insee, 2006.

	2006	2013
18-25 ans	28	[28-40]*
26-30 ans	19	29
31-35 ans	13	21
36-40 ans	10	16
41-45 ans	9	14
46-50 ans	7	12
51-55 ans	4	10
56-60 ans	3	6
61-65 ans	2	3
Total 26-65 ans	9	14
Total 18-65 ans	12	[16-18]*

* L'enquête conduite en 2013 n'a interrogé que des individus âgés de 26 ans et plus, elle ne permet donc pas d'observer les pratiques des plus jeunes, qui restent sans doute de grands utilisateurs. On peut toutefois estimer une fourchette pour eux, avec une première estimation « conservatrice » selon laquelle le taux d'usage chez les 18-25 ans serait resté inchangé depuis 2006 (28 % dans ce groupe de jeunes, donnant un usage de 16 % chez les 18-65 ans) et une deuxième estimation plus réaliste selon laquelle le taux d'usage chez les 18-25 ans aurait augmenté à peu près au même titre que dans les autres groupes d'âge (40 % chez les jeunes, 18 % au total). Champ : personnes vivant en France métropolitaine. Source : enquête « Contexte de la sexualité en France » (CSF), Inserm-Ined, 2006 ; enquête « Étude des parcours individuels et conjugaux » (« Épic »), Ined-Insee, 2013-2014.

Illustration 5.   **Évolution du taux d'usage des sites de rencontres selon l'âge en France entre 2006 et 2013 (%)**

Un usage récréatif des plus jeunes

L'adoption précoce des rencontres en ligne par les jeunes tient d'abord à leur grande familiarité avec l'univers numérique, notamment dans sa dimension interactive. Elle traduit à ce titre un effet de génération. Les personnes nées dans les années 1990 et depuis ont la particularité d'avoir grandi avec les pratiques numériques et d'avoir été socialisées d'emblée à la « culture de l'écran[5] ».

---

5. Josiane Jouët et Dominique Pasquier, « Les jeunes et la culture de l'écran. Enquête nationale auprès des 6-17 ans », *Réseaux*, n° 92-93, 1999.

Leurs usages du réseau se distinguent de ceux des personnes plus âgées en ce qu'ils sont à la fois plus fréquents, plus intenses et bien plus divers. Écouter de la musique, regarder des films ou des séries, jouer en ligne, rechercher des informations ou échanger avec les amis… Les pratiques numériques sont désormais constitutives des loisirs de la jeunesse. C'est particulièrement vrai pour la sociabilité. Si les pratiques diffèrent selon le sexe et l'âge[6], et si les inégalités sociales persistent face aux outils numériques, y compris chez les plus jeunes[7], la communication en ligne est elle un invariant à travers ces différentes jeunesses. Échanger avec des proches, via des chats ou des réseaux sociaux, constitue un des usages principaux d'Internet, et ce aussi bien chez les filles que chez les garçons dans tous les milieux sociaux[8].

Les sites et les applications spécialisés dans la rencontre s'inscrivent dans cet écosystème fourni de pratiques numériques. S'y connecter pour la première fois est d'ailleurs raconté comme une expérience tout à fait banale. La familiarité avec d'autres espaces de sociabilité en ligne dédramatise l'usage et font perdre à ces services l'exotisme dont ils jouissent auprès d'un public plus âgé. De plus, le recours à ce genre de service est un événement qui, de l'avis des jeunes, prête peu à conséquence. L'usage ne débouche pas toujours sur des rencontres de visu, qu'il n'a pas forcément pour objectif. On se connecte d'abord par curiosité et « pour voir », et une partie des jeunes s'en tiennent aussi à cette expérience éphémère ou occasionnelle des services. C'est particulièrement le cas des plus jeunes – âgés de moins de 25 ans et, pour certains, adolescents – pour qui les sites et

6. Pierre Mercklé et Sylvie Octobre, « La stratification sociale des pratiques numériques des adolescents », *RESET. Recherches en sciences sociales sur Internet* 1, n° 1, 2012.

7. Fabienne Gire et Fabien Granjon, « Les pratiques des écrans des jeunes Français. Déterminants sociaux et formes d'appropriation », *RESET. Recherches en sciences sociales sur Internet* 1, n° 1, 2012.

8. Olivier Donnat, *Les Pratiques culturelles des Français à l'ère numérique*, Paris, La Découverte/Ministère de la Culture et de la Communication, 2009.

les applications répondent à un *usage récréatif* : avant d'être des lieux de rencontres, ce sont surtout des espaces de flirt.

> J'avais parlé avec deux, trois garçons mais alors, je ne les ai jamais vus. Mais par contre, c'était très marrant. C'était très marrant d'aller parler avec eux, quoi. Mais alors, ces garçons ils ne m'intéressaient pas du tout. Oui, on s'est dragués mais sans vraiment… C'était plus pour l'occasion [Audrey, 22 ans, étudiante. Parents : cadres du privé].

La citation de cette jeune utilisatrice révèle le caractère divertissant de la séduction qui, souvent pensée comme un prélude à la sexualité ou à la mise en couple, est pourtant une pratique sociale à part entière. Sans être nécessairement orientée vers une relation physique, elle est pratiquée et appréciée pour elle-même[9]. Ainsi, les sites et les applications ne sont pas seulement des lieux de rencontres mais constituent des espaces de sociabilité sexuelle *en soi*. C'est vrai surtout pour les plus jeunes pour qui Internet est désormais un lieu important de socialisation à la sexualité et à la vie affective[10]. Donnant la possibilité d'aborder l'autre sexe – ou des personnes de même sexe – à distance et souvent de façon anonyme, les espaces en ligne permettent de jouer au jeu de la séduction sans s'y exposer complètement. On prend ainsi plaisir à « draguer » et à « se faire draguer » sans nécessairement chercher à poursuivre l'interaction hors ligne. Cette pratique revêt parfois un caractère collectif, notamment chez les femmes : se connecter à plusieurs pour discuter avec des hommes (souvent plus âgés) est une pratique courante chez les utilisatrices les plus jeunes. Flirter en ligne, c'est donc s'amuser mais aussi s'exercer aux interactions amoureuses et sexuelles qui restent cantonnées à l'espace numérique.

> On se marre des fois, on rigole bien. L'autre fois, on était chez ma pote Mélanie et elle nous parle d'une autre appli-

---

9. Gourarier, *Alpha mâle*, *op. cit.*
10. Céline Metton-Gayon, *Les Adolescents, leur téléphone et Internet. « Tu viens sur MSN ? »*, Paris, L'Harmattan, 2009.

cation, ça s'appelle Fruit, et elle disait « Oui, je vais aller en cueillir, ça fait trop longtemps que je n'ai pas eu de bail [histoire]. » Et moi je disais « Je vais re-télécharger Tinder. » [...] Et du coup on *swipait* [faisait défiler] des profils, c'était trop drôle. [Camille, 22 ans, étudiante. Parents : chefs d'entreprise].

La popularité de ces services auprès des jeunes n'est donc pas due qu'à un simple effet de génération, c'est aussi – et surtout – une question d'âge. À une période de la vie où les relations amoureuses et sexuelles sont à la fois centrales et soumises à un contrôle fort – par la famille mais surtout par les pairs –, ces services présentent un attrait particulier. Caractériser cet usage juvénile de *récréatif,* ce n'est pas le réduire à sa dimension ludique qui gommerait les aspects éducatifs évidents. C'est surtout insister sur son caractère souvent intermittent. En effet, la première connexion ouvre rarement sur un usage continu. Au contraire, on se connecte de temps en temps lors de creux amoureux ou sexuels ou, plus prosaïquement, lorsque le temps le permet : pendant les vacances et les week-ends en premier lieu. Chez les jeunes, les inscriptions connaissent ainsi des pics aux mois de juillet et d'août. Grands utilisateurs des services de rencontres, ils en font un usage particulier, voire détourné.

Pratique courante, le flirt en ligne se décline cependant différemment selon le sexe. Il trouve ses adeptes tout particulièrement parmi les utilisatrices qui voient dans la séduction une manière de tester leur attractivité et de se faire valider comme partenaire possible, et plus généralement en tant que femme. Les sollicitations en ligne permettent de vérifier que l'on « plaît », c'est-à-dire que l'on se conforme aux attentes à la fois genrées et hétéronormées. Les services en ligne se prêtent avantageusement à cet exercice dans la mesure où ils permettent facilement d'*entrer,* mais aussi de *sortir* du jeu de séduction selon sa volonté. C'est que la mise à distance physique et la possibilité d'interrompre à tout moment le contact accordent aux femmes une véritable maîtrise sur le déroulement des interactions. Ce n'est pas toujours le cas hors ligne où les hommes se font souvent lourds et parfois insistants. Les très nombreux récits de femmes suite au mouvement *MeToo* en témoignent : les hommes peinent parfois à respecter un non. C'est ce que montrent aussi les réactions violentes de certains utilisateurs lorsque, sur les sites et les applications, ils se font recalés par une femme. Agathe, comme d'autres utilisatrices, fait part de ce déferlement masculin qui peut suivre un refus :

> « Moi je disais non, parce que je ne voulais pas le voir. Il a commencé à me traiter de tous les noms. Il a fait tourner mon numéro de téléphone et il y avait des numéros qui m'appelaient, mais je les bloquais tous » [Agathe, 21 ans, étudiante. Mère : employée du privé. Père : inconnu].

La communication en ligne n'est donc pas exempte de comportements sexistes. Elle permet cependant aux femmes de rapidement éloigner ces hommes en coupant le contact et en bloquant le numéro de téléphone. Les rencontres sur Internet permettent ainsi aux jeunes utilisatrices d'accomplir cet exercice d'équilibre qui consiste à s'assurer de son attractivité sans pourtant engager une suite.

Pour les jeunes hommes, l'expérience est différente, tout comme la place qu'ils sont invités à occuper dans le jeu de la séduction. Souvent incités à prendre un rôle actif dans les interactions amoureuses et sexuelles, ils développent un rapport plus « technique » au flirt en ligne. Plutôt qu'une qualité personnelle que l'on cherche à mesurer, la capacité de séduction est pour les hommes un savoir-faire : une pratique qu'il faut maîtriser, que l'on peut perfectionner et qui nécessite par conséquence de s'entraîner[11]. Aussi les jeunes hommes sont-ils bien plus intéressés par l'idée de poursuivre l'échange hors ligne. Car, comme le souligne Erving Goffman dans son analyse de la cour, une « marque initiale d'intérêt » suffit souvent pour confirmer les femmes dans leur désirabilité

---

11. Mélanie Gourarier, « La communauté de la séduction en France. Des apprentissages masculins », *Ethnologie française* 43, n° 3, 2013.

hétérosexuelle alors que c'est l'accès physique aux femmes qui constitue pour l'homme « la preuve de ses capacités en tant qu'homme »[12]. Ainsi, qu'il « soit intéressé par la cour ou par le simple jeu de la séduction, il doit poursuivre la femme de ses intentions[13] ». Si ces codes sexués peuvent sembler poussiéreux et d'une autre époque, ils sont en réalité loin d'avoir disparu. Les nouveaux modes de rencontres sur Internet sont au contraire un lieu où les jeunes se mesurent aux modèles conventionnels de féminité et de masculinité. Plutôt que pour se défaire des rôles sexués, les applications et les sites sont investis pour tester sa capacité à endosser ces mêmes rôles : draguer et se faire draguer.

Une liberté sexuelle en sursis

Dans son ouvrage *L'Amour réaliste*, Christophe Giraud s'intéresse à la vie affective des jeunes, insistant sur la nécessité de situer les relations nouées « par rapport à celles vécues antérieurement[14] ». L'étude menée auprès de femmes dans leur vingtaine montre comment la rupture d'une première histoire d'amour conduit à une diversification du répertoire relationnel. La déception amoureuse modifie le rapport au couple dans un sens plus « réaliste » mais conduit aussi – de façon plus immédiate – à s'éloigner temporairement du registre conjugal pour privilégier plutôt des histoires « légères ». L'usage des services de rencontres s'inscrit souvent dans ces périodes « post-rupture » et s'oriente alors aussi vers des rencontres en face à face :

> Peu de temps après qu'on se soit séparés, j'étais assez remonté, j'étais assez en colère, et puis on faisait un peu tous les deux n'importe quoi et du coup j'ai téléchargé cette appli, je me suis dit « allez » [Colin, 22 ans, étudiant. Parents : employés du privé].

---

12. Erving Goffman, *L'Arrangement des sexes*, Paris, La Dispute, 2002, p. 63-64.
13. *Ibid.*, p. 64.
14. Christophe Giraud, *L'Amour réaliste. La nouvelle expérience amoureuse des jeunes femmes*, Paris, Armand Colin, 2017, p. 27.

Je me suis séparée de Julien assez récemment et quand je me suis mise sur l'application, c'était vraiment pour voir de nouvelles personnes, faire de nouvelles rencontres, me changer les idées. [...] C'est le fait aussi d'avoir été sur l'application qui m'a aidée à tourner encore plus la page, parce que le fait de parler à de nouvelles personnes, le fait que parfois ça se passe bien, qu'ils peuvent te plaire physiquement, tu te dis « je plais », tout est possible [Melissa, 21 ans, étudiante. Parents : profession intermédiaire de la fonction publique].

Se connecter à un service de rencontres permet de « tourner la page », « se changer les idées » et voir que « l'on plaît » comme le dit cette utilisatrice. L'usage participe à ce titre à la « réorganisation de la vie affective et sexuelle » qui suit une rupture, et la démarche est souvent envisagée en tant que telle[15]. Il en résulte que les relations nouées, lorsqu'il y a rencontre hors ligne, sont souvent de courte durée. Après une séparation ou une déception amoureuse, l'objectif est moins de se remettre en couple que de « passer à autre chose ». Dans ce contexte, le recours aux services permet de marquer la fin d'une relation par la rencontre de nouvelles personnes et la découverte d'autres corps.

Aussi les jeunes dans leur vingtaine sont-ils très nombreux à avoir connu des partenaires sexuels en ligne. C'est ce que montre une enquête de 2016, conduite par Santé publique France[16]. À la question de savoir s'ils ont déjà rencontré un partenaire sexuel sur Internet (via un site ou une application de rencontres mais aussi d'autres espaces numériques), ce sont les personnes âgées de 25 à 34 ans qui sont les plus nombreuses à répondre par l'affirmative, suivies par les 20-24 ans (illustration 6, voir tableau). À tous les âges,

---

15. Nathalie Beltzer et Michel Bozon, « La vie sexuelle après une rupture conjugale. Les femmes et la contrainte de l'âge », *Population* 61, n° 4, 2006, p. 535.

16. Nathalie Bajos, Delphine Rahib et Nathalie Lydié, « Genre et sexualité. D'une décennie à l'autre. Baromètre santé 2016 », Saint-Maurice, Santé publique France, 2018.

les hommes déclarent plus souvent cette expérience que ne le font les femmes. Cette différence de genre est à prendre avec précaution : elle révèle non seulement des comportements contrastés selon le sexe mais aussi des manières différentes de nommer les relations. En effet, si les déclarations masculines l'emportent à chaque fois sur celles des femmes (ce qui est statistiquement peu probable), c'est que les hommes qualifient plus facilement leurs partenaires de « sexuels » alors que les femmes rechignent à réduire leurs expériences à cette seule dimension. Si l'on tient compte de cette sous-déclaration féminine (ou s'agit-il plutôt d'une sur-déclaration d'expériences par les hommes ?), les différences de genre s'atténuent alors que celles entre les âges ressortent plus nettement (illustration 6, voir graphique). C'est en effet entre 20 et 34 ans que les personnes des deux sexes sont les plus nombreuses à avoir connu un partenaire sexuel via Internet. À ces âges, non seulement les célibataires sont nombreux, mais femmes comme hommes cherchent souvent à diversifier les expériences. Désormais, cela se passe aussi en ligne : Internet est pour les jeunes un lieu de rencontres majeur.

À ce titre, les rencontres en ligne participent pleinement à ladite « jeunesse sexuelle ». Après l'entrée dans la sexualité, mais avant l'installation conjugale à proprement parler, les jeunes vivent souvent plusieurs histoires plus ou moins longues et formalisées. Le fait d'avoir connu deux relations amoureuses ou plus à l'âge de 25 ans est désormais courant : c'est le cas d'environ un tiers des femmes (36 %) et des hommes (29 %) nés entre 1978 et 1982, alors que c'était une expérience fort minoritaire chez les deux sexes dans la génération des années 1950 (6 % et 9 %)[17]. Parallèlement, les relations se sont aussi diversifiées. Sans disparaître, les histoires « de couple » cohabitent désormais avec des « plans cul », des « *sex friends* » et des « coups d'un soir ». Le changement est frappant en premier lieu pour les femmes dont les

---

17. Wilfried Rault et Arnaud Régnier-Loilier, « La première vie en couple. Évolutions récentes », *Population & Sociétés*, n° 521, 2015.

Résultats par sexe et par groupe d'âge
Pourcentages

	Femmes	Hommes
15-17 ans	2	5
18-19 ans	7	9
20-24 ans	14	26
25-34 ans	19	28
35-39 ans	11	20
40-49 ans	8	13
50-59 ans	6	7
60-69 ans	3	4
Total 15-69 ans	9	15

Résultats nets des effets de déclaration par sexe
Pourcentages par groupe d'âge rapportés à la moyenne globale de chaque sexe*

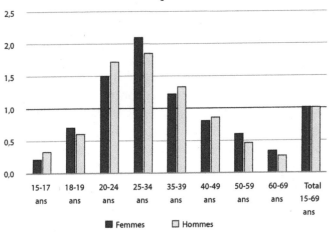

* Le graphique montre la distribution des réponses par âge et pour chaque sexe par rapport à la moyenne des femmes et des hommes. On peut ainsi voir que les femmes de 25-34 ans sont deux fois plus nombreuses (2,1) que les femmes en moyenne (1) à déclarer avoir rencontré un partenaire sexuel sur Internet, alors que les femmes de 15-17 ans sont cinq fois moins nombreuses (0,2) que les femmes dans leur ensemble à déclarer cette expérience. Champ : personnes vivant en France métropolitaine. Source : enquête « Baromètre santé », Santé publique France, 2016.

Illustration 6.   **Proportion de personnes ayant rencontré au moins un partenaire sexuel sur Internet au cours de leur vie**

comportements sexuels font traditionnellement l'objet d'un contrôle fort. Il est désormais possible pour les deux sexes de connaître la sexualité non conjugale et de vivre des expériences multiples.

Cette accumulation d'expériences s'est même traduite en norme. L'allongement des études et le report de l'indépendance économique des jeunes a pour pendant une certaine valorisation de la découverte et de l'expérimentation : il faut savoir « profiter » de sa jeunesse et de son insouciance. Si cette norme est particulièrement forte parmi les étudiants – dont les ressources et le mode de vie sont propices à l'idéal de l'« expérimentation[18] » –, elle est aussi présente dans des milieux plus modestes. Certes, les enfants des classes populaires entament plus tôt la vie adulte – l'arrêt des études et le début de la vie professionnelle familiale se font à des âges plus précoces – mais ils ne partagent pas moins cette volonté « d'en profiter » qui se traduit par une « obligation de s'amuser » tant l'idéal constitue aussi une injonction[19]. Car l'enjeu n'est pas seulement le plaisir mais aussi l'apprentissage. Par la diversité des expériences, il s'agit d'acquérir des savoir-faire, d'apprendre à « se connaître » et de mieux savoir « ce qu'on veut » – y compris dans le domaine amoureux et sexuel. Aussi importe-t-il aux jeunes, et tout particulièrement à la jeunesse étudiante, de ne pas se mettre en couple « trop tôt ».

> J'ai 22 ans, je sors avec lui depuis que j'ai 20 ans et, c'est peut-être un peu naïf, mais j'ai trop peur à 29 ans de me dire : « Merde je sors avec depuis que j'ai 20 ans. » Lui

---

18. Chantal Lavigne, « La rencontre avec l'autre : un parcours semé d'embûches », *in* Alain Giami et Marie-Ange Schiltz (dir.), *L'Expérience de la sexualité chez de jeunes adultes. Entre errance et conjugalité*, Paris, Inserm, 2004 ; Giraud, *L'Amour réaliste, op. cit.*

19. Isabelle Clair, *Les Jeunes et l'Amour dans les cités*, Paris, Armand Colin, 2008, p. 118-135 ; Benoît Coquard, « Pas de diplôme, pas de taf, pas de meuf ! Stigmates et réflexivité chez des jeunes de classes populaires », *in* Stéphane Beaud et Gérard Mauger (dir.), *Une génération sacrifiée ? Jeunes des classes populaires dans la France désindustrialisée*, Paris, Éditions de la rue d'Ulm, 2017.

j'étais sa première copine, donc j'aimerais bien qu'il voie autre chose pour me dire si effectivement je suis la bonne ou pas, parce que quand tu n'as rien pour comparer, je ne sais pas comment tu fais pour savoir si c'est la bonne personne ou pas [Lucie, 22 ans, étudiante. Parents : femme au foyer et agriculteur].

Il ne s'agit pas là d'une « inconstance » amoureuse comme on veut parfois le croire. La vie de couple reste un horizon de vie pour une majorité de jeunes, femmes et hommes confondus. Comme le souligne Christophe Giraud, la jeunesse comporte désormais deux registres relationnels : si « être amoureux et vivre une "histoire sérieuse" est une injonction socialement construite de la jeunesse moderne », il est aussi possible de vivre des relations plus « légères[20] ». La jeunesse est ainsi considérée comme le moment où l'on peut, et doit, vivre autre chose. Il s'agit d'une « liberté en sursis » dont les jeunes sont conscients du caractère passager et dont il faut savoir profiter avant de devoir « se ranger ».

Ce régime normatif n'est pas non plus propre à Internet ou né avec lui. Au milieu des années 1990, une étude menée auprès d'étudiants de 18 à 22 ans, coordonnée par Alain Giami et Marie-Ange Schiltz, soulignait déjà cette conception de la sexualité comme expérimentation et cheminement[21]. Les jeunes interviewés à l'époque « présentent les événements relationnels et sexuels qui jalonnent leur existence comme des expériences s'inscrivant dans un apprentissage, un processus de maturation », c'est-à-dire comme une quête de soi qui ne saurait « s'atteindre que par une succession d'expériences, d'évaluation, de comparaisons »[22]. Les sites et les applications tirent aujourd'hui bénéfice de ce modèle de la jeunesse sexuelle, devenus des lieux privilégiés pour ainsi « expéri-

---

20. Giraud, *L'Amour réaliste*, op. cit., p. 31.

21. Giami et Schiltz, *L'Expérience de la sexualité chez de jeunes adultes. Entre errance et conjugalité*, op. cit.

22. Lavigne, « La rencontre avec l'autre : un parcours semé d'embûches », *loc. cit.*, p. 276, 281.

menter ». Réunissant de nombreux jeunes tout en étant dissociés des réseaux de sociabilité, ces services permettent non seulement de faire la connaissance de nouvelles personnes mais autorisent surtout une certaine discrétion. Les rencontres en ligne sont ainsi propices pour engager des relations ou aborder des partenaires que l'on n'aurait pas osé approcher autrement. Les relations homosexuelles font aujourd'hui partie de ces expériences. À un âge où les désirs et les identités sont encore en mouvement, Internet constitue un lieu pour flirter et vivre des expériences avec des personnes de même sexe, sans pour autant se dire (encore) gay ou lesbienne.

C'est donc la possibilité d'aller au-delà de son cercle de sociabilité qui constitue l'intérêt majeur, et l'excitation qui va avec, des sites et des applications. Pour la même raison, les sites de réseaux sociaux (comme Facebook) sont rarement envisagés comme des lieux de rencontres. Aux dires des usagers, c'est « bizarre » et même « aberrant » d'aborder des partenaires potentiels par ce biais car non seulement ce n'est pas un service de rencontres, mais, comme le dit Bertrand, « c'est des gens que tu connais normalement » [22 ans, étudiant. Mère : chef d'entreprise. Père : ouvrier qualifié]. La question de l'interconnaissance avec les futurs partenaires en est venue à être un critère important, voire une condition, pour la décision de s'engager ou non dans des relations, surtout lorsque celles-ci sont sexuelles. La distance et l'anonymat sont alors de mise. À ce sujet, Lucie explique que, sur l'application qu'elle utilise, elle évite d'entrer en contact avec des personnes avec qui elle partage des amis en commun :

> Il y a des gens avec qui en temps normal j'aurais pu *matcher* [solliciter] mais là quand j'ai vu qu'on avait tant de relations en commun j'ai dit non. Oui, ça c'est un frein, ça me freine tout de suite parce que je sais que ce qui se passera entre nous risque de ne pas rester entre nous. Et même au niveau de la relation, je ne sais pas si c'est sain d'avoir tant d'amis en commun [Lucie, 22 ans, étudiante. Parents : femme au foyer et agriculteur].

Bien que certains services cherchent à mettre en évidence les liens entre utilisateurs (par l'affichage des contacts Facebook en commun), l'usage qui en est fait est souvent inverse : si l'intention des concepteurs est d'apparier des personnes qui partagent des amis, les usagers négligent souvent ces mêmes personnes. Loin de chercher l'interconnaissance avec les partenaires potentiels, les jeunes vont en effet bannir les individus dont ils partagent un réseau d'amis. Ce principe de distance avec les partenaires sexuels est un effet propre de la privatisation de la rencontre qui accompagne les sites et les applications. Le désencastrement des rencontres en ligne – par rapport aux relations sociales ordinaires – non seulement est un *fait*, mais s'est traduit en *norme*. Comme le dit Lucie, il n'est plus considéré comme « sain » de partager avec ses partenaires des amis en commun. La diffusion de ce nouveau mode de rencontres s'est donc soldée par de nouvelles normes sociales dont tout particulièrement cette idée – plus difficilement réalisable auparavant – qu'il convient de distinguer les réseaux sexuels des réseaux sociaux. Cette propriété des rencontres en ligne importe également aux personnes plus âgées mais recouvre alors un sens différent.

Le volontarisme conjugal

Avec l'âge, la désinvolture des jeunes, qui s'amusent à flirter en ligne et se montrent ouverts aux différentes issues possibles, s'efface progressivement au profit d'un projet conjugal plus net. À l'approche de la trentaine, la « liberté en sursis » de la jeunesse prend fin : les aspirations à vivre en couple se font plus fortes, de même que les incitations de l'entourage à « se ranger ». L'usage des services de rencontres devient alors plus *volontariste*. L'ambition est surtout de se (re)mettre en couple et le recours aux sites et aux applications répond notamment à cet objectif. Pour certains, il s'agit de la reprise d'une pratique connue auparavant. L'usage est alors réinvesti, après une première expérience « pour s'amuser » lorsque l'on était jeune, mais avec cette fois-ci des attentes plus précises. Pour d'autres, le recours à un service spécialisé est insolite et n'est en rien une pratique anodine.

Les tensions de la trentaine

Petit à petit, le modèle de l'« expérimentation » qui caractérise la jeunesse cède la place à un modèle conjugal, associé à la vie adulte. Au fil de la vingtaine, les jeunes entrent progressivement en couple, s'installent à deux sous un même toit et pensent, pour certains, à fonder une famille. Cette entrée dans la conjugalité s'accélère à l'approche de la trentaine qui, pour beaucoup, fait figure d'un véritable cap. Contrairement à une idée reçue, le couple n'a pas perdu sa force d'attraction mais constitue un projet de vie, et l'idéal d'une vie « accomplie », pour une majorité de jeunes[23]. Aussi la vie conjugale connaît-elle son point culminant vers la trentaine : entre 30 et 34 ans, plus de quatre personnes sur cinq se disent en couple (83 %)[24].

Cette montée de la norme conjugale se traduit par une dévalorisation équivalente du célibat. Comme le montre une recherche collective sur la vie « hors couple », menée avec Françoise Courtel et Géraldine Vivier, c'est entre 30 et 34 ans que les personnes célibataires sont les moins satisfaites de leur situation. Comparées à d'autres groupes d'âge, elles sont moins nombreuses à revendiquer le célibat comme un choix et plus nombreuses à déclarer s'être sentie exclues parce qu'elles n'étaient pas en couple. *Minoritaires,* les célibataires de cet âge se sentent aussi *marginalisés.* À ce moment de transition – et pour les personnes qui se trouvent « du mauvais côté » – le désir de la conjugalité se fait pressant et la norme conjugale peut être oppressante. En témoignent les nombreuses remarques de l'entourage qui – par l'inquisition sur la présence d'un éventuel conjoint ou conjointe –

---

23. Florence Maillochon, « "Entrer en couple" ou "sortir ensemble" ? », *Agora débats/jeunesses*, n° 23, 2001.
24. Enquête « Épic », Ined-Insee, 2013-2014.

fonctionnent comme un rappel efficace à l'ordre conjugal. C'est aussi à ces âges que les femmes et les hommes sont les plus nombreux à essayer de favoriser les rencontres en privilégiant, outre le recours aux services spécialisés, des sorties en bar et en boîte ou en demandant aux proches de leur présenter leurs amis[25].

Le passage du modèle d'« expérimentation » au modèle conjugal n'est donc pas nécessairement aisé, et ne se passe pas sans tension. C'est d'autant plus le cas que cette période de transition et une occasion de malentendus entre les sexes. Autour de la trentaine, les insultes fusent entre utilisatrices et utilisateurs, les premières accusant les seconds d'être des « connards » parce que ne souhaitant pas s'engager dans une relation « sérieuse », tandis que les hommes reprochent aux femmes d'être « compliquées », voire « coincées », car voulant à tout prix statuer sur la nature de la relation. Autrement dit, les femmes désirent souvent s'engager dans une relation longue quand les hommes, eux, préfèrent garder le champ des possibles ouvert ou privilégier des relations éphémères. Ce désaccord entre les sexes a fait l'objet d'un article de presse retentissant, publié dans le magazine *Vanity Fair* et largement repris internationalement[26]. Le titre, quelque peu catastrophiste, est tiré d'une interview conduite avec une utilisatrice de Tinder, âgée de 29 ans, qui proclame une véritable « apocalypse de la rencontre ». Elle signifie par là un bouleversement tant des normes sexuelles que des rapports entre les sexes. L'article conclut à une nouvelle culture sexuelle en ligne, favorisant surtout des liaisons éphémères, et ce en faveur des hommes : alors que les femmes sont désireuses de nouer des relations plus intimes, souvent amoureuses, les hommes enchaînent les

---

25. Marie Bergström, Françoise Courtel et Géraldine Vivier, « La vie hors couple, une vie hors norme ? Expériences du célibat dans la France contemporaine », *Population* 74, n° 1-2, 2019.

26. Nancy Jo Sales, « Tinder and the Dawn of the "Dating Apocalypse" », *Vanity Fair*, septembre 2015.

aventures sur Internet au détriment du désir d'engagement de leurs partenaires féminines. C'est ainsi que les services de rencontres sont accusés non seulement d'avoir rendu le sexe trop facile mais surtout de servir l'intérêt des hommes.

Cette idée est théorisée par Eva Illouz dans son ouvrage *Pourquoi l'amour fait mal*. Portant un regard fort critique sur les rencontres en ligne, l'auteure y voit un « libre marché des rencontres sexuelles » ayant donné lieu à une « nouvelle forme de *domination affective* des hommes sur les femmes qu'expriment la disponibilité émotionnelle des femmes et la répugnance des hommes à s'engager auprès d'elles »[27]. L'argument repose sur l'idée que, dès lors que les utilisateurs sont plus enclins que les utilisatrices à vivre des histoires sexuelles, le caractère éphémère des rencontres en ligne joue en faveur des premiers. Les femmes, dans l'espoir de trouver l'amour, accepteraient des relations sexuelles contre leur gré et ressortiraient ainsi comme les grandes perdantes de l'essor des rencontres sur Internet.

Cette thèse d'une tension entre les sexes n'est pas fausse mais concerne un moment biographique particulier. Car s'il est vrai que les femmes inscrivent davantage que les hommes leur sexualité dans un cadre affectif et conjugal[28], c'est surtout à certains âges que le destin des relations est à ce point un sujet de discorde entre les sexes. De fait, le désaccord entre femmes et hommes s'observe surtout aux âges où l'on passe du modèle d'expérimentation au modèle conjugal. Les femmes amorcent cette transition plus tôt que ne le font les hommes : 90 % des femmes ont déjà connu la conjugalité cohabitante avant l'âge de 30 ans contre seulement 75 % des hommes de la même génération (nés entre 1977 et 1983)[29]. Autrement dit, on observe un décalage temporel entre les parcours des femmes et des hommes : ces derniers s'installent en couple cohabitant plus tard.

---

27. Illouz, *Pourquoi l'amour fait mal, op. cit.*, p. 24, 176.
28. Bajos, Ferrand et Andro, « La sexualité à l'épreuve de l'égalité », *loc. cit.*
29. Enquête « Épic », Ined-Insee, 2013-2014.

Au moment de la trentaine, cet écart est manifeste et, en même temps, le décalage entre les désirs des deux sexes est patent. Tandis qu'une partie des hommes se sentent encore jeunes et souhaitent « profiter » de leur jeunesse, les femmes sont plus souvent impatientes de commencer la vie à deux, s'estimant déjà « en retard » par rapport à leurs consœurs. Cette tension est bien plus faible aux âges en amont – lorsque les filles, comme les garçons, sont nombreuses à vouloir « s'amuser » comme nous venons de le voir – et à des âges plus élevés lorsque les deux sexes font preuve d'une forte valorisation de la conjugalité. Si discorde il y a, c'est donc moins entre les sexes qu'entre deux âges sexuellement différenciés.

Un resserrement de la géographie amoureuse

En même temps que la norme conjugale s'accentue, les occasions de rencontres se font plus rares. Ce paradoxe est bien connu des célibataires qui, avec l'avancée en âge, voient le champ des possibles se reconfigurer. Nombreux sont ceux qui, après la trentaine, témoignent des difficultés à faire de nouvelles rencontres et déplorent la rareté de partenaires potentiels dans leur entourage. C'est vrai pour les personnes qui candidatent à une première union mais aussi pour les personnes séparées qui souhaitent se remettre en couple.

> Quand vous prenez de l'âge, votre entourage est marié et a des enfants, vous ne pouvez plus sortir. Moi, je n'ai pas d'ami(e)s autour de moi qui sont célibataires, je n'ai que des couples mariés autour de moi. Donc, déjà, je ne peux pas sortir avec une copine célibataire, admettons un samedi soir pour faire un restau, ou le week-end où je n'ai pas les enfants, je ne peux pas faire ça. Parce qu'ils sont tous en couple. Après, je suis invitée par mes ami(e)s, mais c'est toujours chez eux, avec les mêmes personnes, les mêmes couples, on ne peut pas faire de rencontres. C'est un cercle vicieux [Patricia, 38 ans, infirmière, deux enfants en bas âge].

Tandis que le célibat est courant lors de la jeunesse, et que les partenaires potentiels sont alors nombreux, c'est beaucoup moins le cas par la suite. Pour celles et ceux qui ne se sont pas encore installés avec quelqu'un, comme pour les personnes déjà séparées, il en résulte que les possibilités de rencontres se font bien plus rares. D'une part, l'entourage ne fournit plus autant de partenaires potentiels dans la mesure où la plupart des amis (et des amis d'amis) sont déjà en couple. C'est ce que souligne Patricia dans l'extrait ci-dessus où elle parle de l'absence de célibataires dans son entourage. D'autre part, de nombreux contextes de rencontres – courants chez les jeunes – deviennent inaccessibles ou sont jugés « inappropriés » pour les personnes plus âgées. C'est de cette expérience que parle ici Sylvie :

> — Aujourd'hui, si on veut rencontrer quelqu'un, il n'y a pas trente-six mille solutions, dans ma tranche d'âge en plus.
> — **Qu'est-ce qui change ?**
> — Quand tu es plus jeune, tu peux aller dans les bars, tu vois. Dans les bars, tu peux faire des rencontres. Mais je n'ai plus l'âge d'aller dans les bars, moi, ça ne correspond plus. Donc, il n'y a plus de rencontres spontanées comme ça [Sylvie, 57 ans, sans activité professionnelle, deux enfants adultes].

Ayant rencontré son ex-mari dans un bar à l'âge de 23 ans, Sylvie rejette totalement la perspective d'une telle rencontre aujourd'hui. Largement fréquentés lors de la jeunesse, les lieux de sorties festives sont jugés peu convenables une fois « passé l'âge ». C'est ainsi que Corinne dit avoir « terminé ma période un peu fofolle où je sortais tout le temps avec mes amis en boîte de nuit » et cela pour « passer plutôt à des petites soirées tranquilles avec mes amis » [Corinne, 27 ans, cadre dans le privé]. La fin de la jeunesse se traduit par une transformation de la sociabilité. Les sorties se font moins nombreuses (comme la fréquentation de cafés, de bars, de boîtes ou de spectacles) au profit d'une sociabilité dans des espaces intérieurs (des dîners et des soirées à la maison) ou des cadres davantage privés (comme des sorties entre amis au restaurant)[30]. Parallèlement, les réseaux sociaux se resserrent autour de cercles de relations plus étroits et la sociabilité amicale tend à céder la place à une sociabilité de famille[31]. Cette évolution est certes associée à l'entrée dans la vie conjugale et familiale mais elle ne touche pas moins les personnes célibataires dont l'entourage ne fournit plus autant de partenaires de sortie. Comme le dit encore Patricia citée ci-dessus, « les personnes qui sont en couple, le week-end, ils sont bien contents de se retrouver, hein. Ce n'est pas la copine célibataire qui va faire chier son monde, "Coucou ! Je m'emmerde chez moi" [rires] » [Patricia, 38 ans].

La géographie des rencontres rétrécit donc avec l'âge. Cette tendance assure aux sites et aux applications un succès auprès d'un public plus large. Socialisées plus tardivement à la sociabilité numérique, les générations plus anciennes se montrent souvent réticentes de prime abord envers ce nouveau mode de rencontres, voire y sont franchement hostiles. C'est alors l'expérience du célibat prolongé ou de la séparation qui va populariser l'usage, même chez les personnes *a priori* les plus éloignées de cette pratique numérique.

> Je ne suis pas du tout ordinateur. Je me suis mis à l'ordi par rapport à une période de chômage […]. Ça faisait un moment que j'avais entendu parler de ces sites et moi, je m'étais dit que non, jamais, je ne vois pas l'intérêt. Et puis au bout d'un moment effectivement, à force d'être seul, parce que ce n'est pas toujours évident de faire des rencontres quand on a fait le tour de ses amis, ou par rapport à des soirées, et qu'après il y a plus rien qui peut déboucher sur quelque chose de concret, ben, on se dit ben on va se mettre sur un site de rencontres [sourire]. Donc voilà, c'était Meetic. Enfin au début, pour moi, ce n'était pas évident [Bruno, 44 ans, soudeur intérimaire, deux enfants adolescents].

---

30. Michel Forsé, « Âges et sociabilité », *Agora débats/jeunesses*, n° 17, 1999.
31. François Héran, « La sociabilité, une pratique culturelle », *Économie et Statistique* 216, n° 1, 1988.

Ce resserrement du paysage des rencontres ne concerne pas les deux sexes au même titre cependant. Il est plus fort dans le cas des femmes et semble se manifester plus tôt pour elles. C'est ce que montrent Michel Bozon et Wilfried Rault dans leur analyse de l'évolution des espaces de rencontres pendant la jeunesse. Plus souvent que les hommes, les femmes font connaissance de leur premier partenaire sexuel dans un lieu « ouvert » (lieu de vacances ou voisinage par exemple) pour rencontrer ensuite leur premier conjoint dans un lieu « fermé » (comme les soirées entre amies). Plus rare chez les hommes, cette « restriction progressive des univers de rencontres » concerne avant tous les hommes des classes supérieures[32]. La transformation de la sociabilité prend donc des formes différentes selon les sexes et les milieux sociaux. Les hommes plus que les femmes gardent un accès aux lieux publics qui sont autant d'occasions de nouvelles rencontres. L'exception est celle des classes supérieures qui – pour les deux sexes et à tous les âges – ont une sociabilité organisée davantage autour de cadres privatifs où n'entre pas qui veut.

La sociabilité a cependant changé aussi au fil du temps comme le montrent les deux auteurs. Depuis les années 1960, les rencontres dans les espaces publics ont progressivement diminué, comme c'est le cas du bal mais aussi des rencontres dans le voisinage, dans la rue ou lors de fêtes publiques. Désormais, femmes comme hommes rencontrent davantage leur premier partenaire sexuel, tout comme leur premier conjoint, dans des cadres « privés » comme les soirées, ou dans des contextes « réservés » comme l'illustre l'extraordinaire augmentation des rencontres sur les lieux d'études. Cette évolution indique une « privatisation de la sociabilité qui touche tous les milieux sociaux[33] ». Autrement dit, la tendance est celle d'un essor de formes de sociabilité où les participants sont, d'une manière ou d'une autre, liés les uns aux autres : par des

---

32. Bozon et Rault, « De la sexualité au couple. L'espace des rencontres amoureuses pendant la jeunesse », *loc. cit.*, p. 475.

33. *Ibid.*, p. 479.

connaissances communes ou des espaces de vie partagés. Cette évolution a pour effet de restreindre encore les opportunités de rencontres pour les personnes qui, sorties de la jeunesse, voient leur cercle de relations à la fois se stabiliser et se resserrer.

Dans ce contexte, lorsque l'entourage se fait pauvre en célibataires, et que de nombreux espaces de rencontres sont devenus inaccessibles, délaissés ou disqualifiés en raison de l'âge, les sites et les applications présentent un certain intérêt. Permettant de nouer des contacts au-delà de son environnement immédiat, ils élargissent le vivier des partenaires potentiels. Mobilisés en réaction aux relations qui se rétractent par ailleurs, ils ne sont pas pour autant une ouverture de la sociabilité, bien au contraire. Car, loin d'être des espaces publics – comme les bals et les fêtes publiques –, ces services organisent des rencontres « en tête à tête ». Ce sont des interactions « dyadiques » (et non publiques) entre deux personnes qui ne se fréquentent pas par ailleurs. En soi une réponse à la privatisation de la sociabilité, les sites et les applications participent en même temps activement à cette évolution historique.

Sites de (re)mise en couple

C'est donc dans un contexte de transformation de la sociabilité que les rencontres en ligne émergent comme un phénomène majeur. Aussi sont-elles devenues un mode de rencontre récurrent comme le montre l'enquête « Épic », permettant de mesurer leur participation à la formation des couples en France. Parmi les personnes ayant connu leur conjoint entre 2005 et 2013 – c'est-à-dire dans une période où ces services se sont diffusés –, environ une personne sur douze l'a connu sur un site de rencontres (8,5 %). Cela place les sites en cinquième position dans le palmarès des lieux de rencontres (illustration 7). Il est toujours plus courant de connaître son conjoint sur le lieu de travail ou d'études (24 %), dans une soirée entre amis (14,6 %), dans un lieu public (12,5 %) ou dans un cadre privé, c'est-à-dire chez soi, chez le partenaire ou chez un tiers (8,8 %).

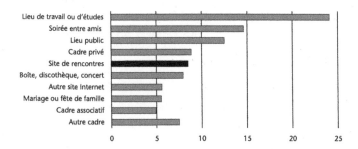

Illustration 7. **Les sites de rencontres dans le palmarès des contextes de rencontres (2005-2013)**
Champ : personnes âgées de 26 à 65 ans, vivant en France métropolitaine ayant rencontré leur conjoint actuel entre 2005 et 2013. Source : enquête « Épic », Ined-Insee, 2013-2014.

En revanche, ce nouveau mode de rencontre est désormais plus fréquent que les rencontres dans les boîtes, les discothèques ou les concerts (7,9 %), sur d'autres sites Internet (5,6 %), lors de mariages ou de fêtes de famille (5,5 %) ou dans des associations, des clubs sportifs ou des lieux de culte par exemple (4,9 %). Sans être le mode de rencontre dominant en France – comme le prétendent parfois des sondages peu fiables –, ces services spécialisés jouent désormais un rôle important dans la formation des couples.

Au vu de l'usage des jeunes, tourné davantage vers l'expérimentation que la mise en couple, on n'est pas surpris de constater que les relations amoureuses nouées via ces sites sont plus souvent des remises en couple que des premières unions. En effet, toujours parmi les personnes ayant connu leur conjoint actuel entre 2005-2013, seulement 5 % des personnes qui se mettaient en couple pour la première fois ont connu leur partenaire sur un site de rencontres, alors que c'était le cas de 10 % des personnes séparées qui formaient une union pour une deuxième (ou troisième, quatrième, cinquième…) fois. Si l'usage des services est très fréquent chez les jeunes, il se solde donc moins par des relations stables pour ce groupe. C'est que les occasions de rencontres ne manquent pas à cet âge : les études, les sorties et les loisirs amènent à rencontrer de nombreuses personnes. Ce sont autant de contextes de séduction auxquels Internet ne se substitue pas mais auxquels il s'ajoute. Dans ce groupe d'âge, les services de rencontres sont ainsi concurrencés par nombre d'autres lieux, et ce d'autant plus qu'ils sont principalement investis comme des espaces de flirt.

Pour les personnes plus âgées – et a *fortiori* pour celles qui sont séparées – la situation est bien différente comme nous venons de le voir. Dès lors que les circonstances favorables à la rencontre diminuent, les services spécialisés occupent une place d'autant plus importante. Mais le meilleur « taux de rendement » conjugal s'explique aussi par l'attitude volontariste qu'affichent souvent les personnes plus âgées. Contrairement aux jeunes, le recours aux services spécialisés est rarement présenté comme un événement banal mais c'est plutôt une *résolution* que l'on prend. Dans l'espoir de se remettre en couple, il s'agit de « se mettre un coup de pied au derrière » [Delphine, 32 ans, assistante sociale, sans enfant], voire de « se faire violence » [Patricia, 38 ans, infirmière, deux enfants en bas âge]. Quand le temps de la découverte et de l'exploration est révolu, l'objectif est en effet moins de « s'amuser » que de « se prendre en charge ».

Cette détermination des usagers souligne la force de la norme conjugale. Une majorité de femmes et d'hommes vivent en couple au moins une fois dans leur vie et, lorsqu'ils se séparent, ils sont nombreux à reformer rapidement une union. En 2013, parmi les personnes âgées de 26 à 65 ans et ayant vécu une rupture, la moitié se sont remises en couple moins de deux ans après la séparation[34]. Cette ambition de vivre une nouvelle histoire d'amour est souvent appuyée par l'entourage. Les entretiens, conduits avec des utilisateurs trentenaires ou plus âgés, montrent que le désir de se remettre en couple – tout comme le recours aux services dédiés à cet

---

34. Insee, *Couples et familles*, Insee références, 2015, p. 98.

objectif – est vivement encouragé par les proches. C'est le cas également aux âges avancés comme l'affirme Véronique :

> Quand on a su que je n'étais plus avec, je peux dire mon copain parce que c'était plus un camarade à la fin [rire], c'était plus un camarade de vie, toutes les amies m'ont dit « Mais ne reste pas toute seule, tu te rends compte [...] il ne faut surtout pas que tu restes toute seule. » Et il y a une de mes amies qui m'a dit « Mais cherche sur Internet ! [...] J'ai plein de copines qui le font, c'est formidable. » Bon, elle me donne un site, je regarde le site, je m'inscris [Véronique, 68 ans, chef d'entreprise à la retraite, sans enfant].

Il n'y a pas d'âge pour se remettre en couple, c'est le message des encouragements provenant de l'entourage. Encore faut-il que l'occasion se présente. Plutôt que de rester passifs devant l'éventualité d'une rencontre, femmes et hommes sont incités à se faire maîtres de leur destin. Le recours aux services spécialisés s'inscrit dans cette éthique de « responsabilité de soi ». Présente dans d'autres sphères sociales, comme notamment l'emploi, cette éthique se traduit dans le domaine de l'intime par une approche proactive vis-à-vis de la rencontre. Dans un contexte où les parcours sont de plus en plus discontinus – les trajectoires professionnelles tout comme les trajectoires amoureuses et sexuelles –, on attend plus que jamais des individus qu'ils prennent en charge leur destin[35]. À ce titre, la saisonna-lité des inscriptions sur les services de rencontres n'est pas anodine. Si les jeunes se connectent surtout en été (en vacances lorsque le temps le permet), les personnes âgées de 35 ans et plus s'y mettent aussi souvent à la rentrée : en septembre et en octobre, c'est-à-dire des mois qui symbo-lisent un nouveau départ. La complexification des parcours change donc les *conditions* de rencontres mais s'accompagne aussi de nouvelles normes pour y faire face. Le volontarisme

---

35. Cécile Van de Velde, « La fabrique des solitudes », *in* Pierre Rosanvallon (dir.), *Refaire société*, Paris, Seuil, 2011, p. 32.

qui nourrit le recours aux services spécialisés fait désormais partie de ces attentes sociales.

* * *

Les sites et les applications de rencontres nous enseignent que parler d'« amour », de « couple » et de « sexualité » au singulier n'a plus beaucoup de sens. La définition et la nature de ces relations dépendent des âges de la vie, et évoluent avec les expériences passées. Aussi les usages des services sont-ils très différents entre les jeunes, les trentenaires et les personnes plus âgées, et révèlent les enjeux contrastés de la vie intime. Désormais il existe des « chapitres » de la vie affective et sexuelle, c'est-à-dire des périodes différentes envisagées en tant que telles. Sites et applications contribuent à cette complexification des parcours qui ne se laisse pas réduire à une tendance univoque, telle qu'une « hyper-sexualisation » ou une « marchandisation » de la vie intime. Les clés du succès de ces services sont multiples, tout comme les usages en sont différents.

Ce nouveau mode de rencontres bouscule aussi notre manière de penser les changements récents de la vie affective et sexuelle. En cherchant les clés de lecture de notre époque, nous avons l'habitude d'expliquer la complexification des parcours par une transformation profonde de notre rapport à la sexualité et au couple. On parle ainsi d'une « révolution sexuelle » des années 1960 et, depuis, d'une libéralisation des mœurs – voire d'un véritable hédonisme – qui aurait donné le primat à la sexualité sur le couple, et ce notamment chez les jeunes. De même, la rationalisation et des nouvelles logiques contractuelles sont invoquées pour rendre compte des séparations qui touchent désormais de nombreuses personnes : le passage d'une vision inconditionnelle de l'amour à un rapport plus pragmatique du couple fournirait le terreau pour ces divorces et séparations. Cette lecture repose sur une conception profondément idéaliste du changement social : c'est l'apparition de nouvelles normes qui provoquerait une transformation des comportements. L'étude des nouvelles pratiques – dont les rencontres en ligne – invite à adopter la perspective inverse. C'est aussi la complexification des parcours qui engendre ces nouvelles normes.

Car les expériences nous changent. Cela se mesure à l'échelle d'une vie. Chez les jeunes tout d'abord, qui témoignent d'un certain romantisme au moment de leur première histoire mais dont la rupture ouvre sur un élargissement des registres relationnels[36]. Si les jeunes font preuve aujourd'hui d'un « réalisme » en amour, comme le montre Christophe Giraud, cette attitude s'ancre dans l'expérience précoce de la séparation que n'auront pas connue leurs aînés. Contrairement aux générations anciennes, les jeunes n'arrivent plus « vierges » au moment de l'installation conjugale, c'est vrai littéralement comme figurativement. Ils ont vécu au préalable des histoires qui modifient leur vision et leurs attentes vis-à-vis de la conjugalité.

C'est *a fortiori* le cas des personnes plus âgées qui, divorcées ou séparées, souhaitent se remettre en couple. Une rupture, on ne l'anticipe pas forcément. Le désenchantement qui peut en suivre non plus. Si « rationalisation » et « pragmatisme » il y a, ce sont autant des produits que des causes de la séparation : la rupture marque et rend plus prosaïque, et ce d'autant plus que la monoparentalité et les difficultés économiques rendent quiconque « terre à terre ». Il n'est pas moins vrai que l'époque contemporaine se caractérise par de nouvelles normes : l'injonction à « profiter de sa jeunesse » ainsi que celle à « se prendre en charge » après une rupture en font partie. Or, d'une part, ces normes ne sont pas universelles mais dynamiques : elles s'inscrivent dans des moments biographiques différents. D'autre part, elles accompagnent la diversification des trajectoires autant qu'elles les impulsent : c'est aussi la transformation des parcours – dont le report de la mise en couple et la diffusion de l'expérience de la séparation – qui modifie les attentes relatives à la conjugalité.

36. Giraud, *L'Amour réaliste, op. cit.*

C'est ce que montrent les rencontres en ligne qui, plus que n'importe quelle autre pratique, incitent à abandonner une vision par trop idéaliste du changement social pour tenir compte des ressorts matériels et biographiques des transformations récentes de la vie intime.

3

(Se) correspondre en ligne

> Normalement et selon les statistiques, je devrais
> rencontrer un garçon de mon âge ou à peu près.
> Et normalement et toujours selon les statistiques, il
> devrait faire à peu près les mêmes choses que moi
> dans la vie. Normalement je devrais le rencontrer là
> où je travaille, ou mieux, à un dîner organisé par une
> copine. Donc en gros si on fait un film de ma vie,
> ben, personne n'ira le voir. Parce que franchement,
> qui aurait envie d'aller voir des histoires d'amour qui
> se passent normalement ? Pas moi. Parce que moi,
> je pense que l'amour, le vrai, il n'en a rien à faire
> des statistiques et qu'il se trouve pas forcément au
> bureau, dans mon immeuble ou au coin de la rue.
> Moi je pense que les belles rencontres, elles se font
> partout, mais surtout ailleurs.
>
> Spot publicitaire pour Meetic, 2012.

Dans *La Distinction*, le sociologue Pierre Bourdieu décrit les
frontières sociales qui traversent la société française et qui
s'expriment notamment dans des jugements très contrastés
quant à ce qui est *beau* ou *bon* : les rapports de classe prennent
la forme de goûts et de dégoûts pour ce qu'aiment les autres,
visibles aussi bien en matière de musique, de cinéma et de
lecture que dans les pratiques alimentaires[1]. Ces clivages sont

---

1. Ce chapitre présente des résultats pour partie publiés dans un article
paru au préalable : Marie Bergström, « (Se) correspondre en ligne. L'homogamie
à l'épreuve des sites de rencontres », *Sociétés contemporaines* 4, n° 104, 2016.

loin d'être socialement anodins, car ils participent à la conso-
lidation des classes sociales et à la domination des classes
supérieurs sur les autres. Selon l'auteur, il n'en va pas autrement
en matière d'amour : « Le goût assortit : il marie les couleurs
et aussi les personnes, qui font les "couples bien assortis"[2]. »

Ce portrait social, dressé à la fin des années 1970, est
régulièrement récusé car jugé obsolète. Il est vrai qu'en
quatre décennies la société française a changé à bien des
égards. L'économie a basculé de l'industrie vers de nouveaux
métiers de service. L'expansion scolaire a ouvert l'accès à
l'éducation aux enfants de milieux populaires mais aussi, et
peut-être surtout, conduit à un certain brassage des cultures
juvéniles. Enfin, le développement de l'industrie de la culture,
d'Internet et des médias « de masse » font que nous partageons – aujourd'hui plus que par le passé – un socle culturel
commun. Certains veulent y voir une véritable « moyennisation » de la société, marquant le déclin des clivages de classe.
Les travaux récents sur la formation des couples semblent
d'ailleurs aller dans ce sens : l'homogamie, c'est-à-dire la
tendance à former un couple avec une personne de même
statut social, a diminué tout au long de la deuxième moitié
du xxe siècle, conduisant de ce point de vue à une plus
grande mixité sociale[3].

Les sites et les applications de rencontres sont-ils l'incarnation de ce mouvement de « moyennisation » sociale et culturelle ? Véritables « services de masse », ils se sont rapidement
popularisés, notamment auprès des jeunes, et accueillent
aujourd'hui des utilisateurs de divers milieux sociaux. Tandis
que les classes supérieures étaient surreprésentées sur les sites
à leur début, les clivages sociaux se sont atténués depuis :
en 2013, 16 % des personnes cadres ou appartenant aux

2. Pierre Bourdieu, *La Distinction. Critique sociale du jugement*, Paris,
Minuit, 1979, p. 268.
3. Milan Bouchet-Valat, « Les évolutions de l'homogamie de diplôme,
de classe et d'origine sociales en France (1969-2011). Ouverture d'ensemble,
repli des élites », *Revue française de sociologie* 3, n° 55, 2014.

professions intellectuelles supérieures s'étaient déjà inscrites sur un site de rencontres contre 13 % des ouvriers par exemple[4]. Dissociés des lieux de vie ordinaires, ces services mettent aussi en contact des personnes qui n'auraient pas pu se connaître autrement. Ils semblent à ce titre désenclaver les rencontres amoureuses et sexuelles. C'est en tout cas ce que proclament haut et fort les services en question, dont Meetic et ses annonces publicitaires. C'est aussi ce que soutiennent certains scientifiques. Internet ouvrirait les frontières géographiques et sociales, affirment deux économistes dans un article récent, largement repris dans la presse[5], et annulerait de ce fait la ségrégation sociale qui, par ailleurs, participe à ce que « ceux qui se ressemblent s'assemblent ». Selon les prédictions des auteurs, le résultat ne serait rien de moins que la disparition quasi totale de l'endogamie telle qu'on la connaît, et ce entièrement grâce aux rencontres sur Internet.

Outre une vision naïve de l'univers numérique, dont on sait qu'il n'est pas exempt de ségrégation[6], cette hypothèse repose sur une conception particulière des structures sociales, envisagées comme des contraintes extérieures à l'individu et dont la disparition laisserait la place au libre arbitre. Or, même en cas de relâchement des obstacles les plus formels à la mixité sociale, l'endogamie tend à perdurer par le biais des dispositions internes, incorporées par chacun et chacune, qui ne s'évapore pas lorsque l'utilisateur se connecte à Internet[7]. Pour cette même raison, les rencontres en ligne ne sont pas moins homogames que les autres. C'est ce que montre une comparaison en France entre les couples formés via un site de rencontres avec des couples formés ailleurs. À l'exception

---

4. Enquête « Épic », Ined-Insee, 2013-2014.
5. Josue Ortega et Philipp Hergovich, « The Strength of Absent Ties. Social integration via online dating », 2017, https://arxiv.org/pdf/1709.10478.pdf.
6. Voir le dossier, et notamment l'introduction de Samuel Coavoux, du numéro « Des classes sociales 2.0 ? », de la revue *RESET*, Recherches en sciences sociales sur Internet, n° 1, 2012.
7. Andreas Schmitz, *The Structure of Digital Partner Choice. A Bourdieusian Perspective*, New York, Springer, 2016.

des relations nées sur le lieu de travail ou d'études qui – pour des raisons évidentes – ont plus de chances de réunir deux personnes avec des métiers ou des diplômes semblables, les unions issues de sites de rencontres ne sont ni plus ni moins homogames que les relations nouées ailleurs[8]. De même, Internet ne fait pas disparaître les frontières géographiques – les partenaires qui se sont connus sur Internet habitent souvent le même département –, et il est aussi rare en ligne qu'ailleurs de former un couple avec un partenaire né dans un autre pays que le sien[9].

Ce chapitre retrace ces nouveaux chemins vers un autre semblable. Ce faisant, il suit le déroulement des rencontres en ligne en accordant une attention particulière à l'organisation séquentielle des interactions, propre à ce mode de rencontres. Sur Internet, le processus de rapprochement des partenaires est en effet progressif, décomposé en trois phases clairement distinctes que l'on retrace successivement : l'évaluation des « profils d'utilisateurs », l'échange écrit et la rencontre physique. À chacun de ces moments interviennent des jugements et des mécanismes de sélection spécifiques, socialement différenciés, qui mettent fin à certains contacts et conduisent d'autres à l'étape suivante. Ces interactions amoureuses et sexuelles révèlent que, dans la société française, les frontières sociales se sont déplacées sans pour autant disparaître.

Les usages sociaux du « profil »

Si Internet n'a pas aboli les distances géographiques ou sociales, les pratiques numériques n'ont pas moins changé sensiblement la manière d'être présent au monde. On pense ici aux nouvelles formes de visibilité en ligne. Alors que, traditionnellement, la « présentation de soi » repose sur la présence physique, on donne désormais un grand nombre d'information sur soi via Internet. Non seulement nos pratiques quoti-

---

8. Bergström, « (Se) correspondre en ligne », *loc. cit.*
9. Enquête « Épic », Ined-Insee, 2013-2014.

diennes (professionnelles, associatives, sportives…) laissent des traces numériques, mais nous disposons de véritables vitrines numériques où nous nous mettons en scène par écrit et en image : sites de réseaux sociaux, espace de partage de photos, services de rencontres… Nombreux sont ainsi ceux qui disposent désormais d'un *profil public.* Cette forme de publicisation de sa personne – impliquant une gestion de l'image de soi et de sa réputation – concernait auparavant seulement les personnes célèbres ou des personnalités « publiques » (artistes et politiciens en premier lieu). Avec Internet, elle touche le plus grand nombre. Si l'on a beaucoup insisté sur la quête de reconnaissance que peut traduire cette mise en scène de soi sur Internet[10], on ne dit pas assez que, de façon plus ordinaire, elle change la manière dont les individus apprennent à se connaître.

C'est particulièrement vrai des sites et des applications de rencontres qui opèrent un véritable renversement du scénario de la rencontre : alors que la rencontre physique constitue habituellement le prélude de toute relation, elle n'intervient ici que dans un deuxième temps lorsque l'on sait déjà beaucoup de choses sur la personne. Le changement est de taille, ainsi que l'ont souligné Valérie Beaudouin et Julia Velkovska : « Si, dans une relation de face-à-face, le message est transmis *en même temps* que toute l'information véhiculée par le corps qui permet de situer l'autre, dans la relation électronique, le message et le corps sont au contraire séparés, et le second, absent, s'ingénie à trouver des modes de présence compensatoires[11]. » C'est ainsi que les premières impressions ne se fondent plus sur le corps mais sur un « profil ». Celui-ci, d'ailleurs, tend à devenir de plus en plus standardisé. Au début d'Internet, la présentation de soi pouvait prendre des

---

10. Fabien Granjon et Julie Denouël, « Exposition de soi et reconnaissance de *singularités subjectives* sur les sites de réseaux sociaux », *Sociologie* 1, n° 1, 2010.

11. Valérie Beaudouin et Julia Velkovska, « Constitution d'un espace de communication sur Internet (forums, pages personnelles, courrier électronique…) », *Réseaux* 17, n° 97, 1999, p. 130.

expressions diverses : sous forme de « pages personnelles », les internautes se présentaient et décrivaient leurs passions dans un format relativement libre[12]. Ces pages ont depuis disparu en faveur de blogs, de réseaux sociaux et de services de rencontres où l'on se présente dans un format préconçu. Cette standardisation des supports numériques ne doit pourtant pas amener à conclure à une uniformisation des pratiques. S'ils cadrent les usages, les sites et les applications ne les définissent pas complètement, et le regard attentif révèle que les usages diffèrent, notamment selon les milieux sociaux.

Pratiques photographiques et pirouettes linguistiques

Se présenter, se mettre en valeur, intéresser ou intriguer mais sans se vanter ou trop en faire... Créer un profil sur un service de rencontres est un exercice jugé difficile qui met parfois mal à l'aise. La peur du ridicule côtoie la crainte de la banalité ou celle de la vantardise. Il est vrai que le résultat est assez conventionnel : il y a des codes et des manières de faire et, *in fine,* les profils tendent à se ressembler. C'était déjà le cas des annonces matrimoniales comme le constatait François de Singly dans les années 1980. À celles et ceux qui ironisaient sur le conformisme de la petite annonce, le sociologue rappelait que cet exercice « se distingue d'un concours dramatique : l'annonceur n'a pas obligatoirement intérêt à chercher l'originalité à tout prix », il doit surtout produire « des impressions de normalité »[13]. Dans le cadre d'une annonce où chaque mot compte (et coûte) et au vu du tabou qui entourait ce mode de rencontres, les annonceurs devaient rassurer les lecteurs sur le fait qu'ils étaient des gens « comme les autres », c'est-à-dire sains et sans tare. Les utilisa-

---

12. Christian Licoppe et Valérie Beaudouin, « La construction électronique du social. Les sites personnels », *Réseaux* 6, n° 116, 2002 ; Laurence Allard et Frédéric Vandenberghe, « Express yourself ! Les pages perso », *Réseaux* 1, n° 117, 2003.

13. Singly, « Les manœuvres de séduction. Une analyse des annonces matrimoniales », *loc. cit.*, p. 525.

teurs des sites et des applications sont soumis à des exigences similaires. Bien que l'usage soit plus fréquent, et donc moins suspect que le recours aux annonces matrimoniales, l'usager doit d'abord montrer qu'il ou elle est quelqu'un de « normal » et de « sympa », qu'il n'est pas trop « désespéré » ni trop « coincé » et surtout pas « taré », comme le disent les utilisateurs. La garantie de cette normalité s'achète encore aujourd'hui au prix du conformisme.

Il existe donc des « bonnes pratiques » concernant ce qu'il convient de dire et de montrer de soi, ou au contraire ce qui est mal vu et déconseillé. Plusieurs codes de conduite coexistent cependant. D'abord, les attentes vis-à-vis des femmes diffèrent de celles à l'égard des hommes et les deux sexes ne se présentent donc pas de la même manière, nous y reviendrons. Or les codes sont aussi éminemment sociaux. La manière de se donner à voir, les informations renseignées et les qualités mises en avant diffèrent selon les capitaux économiques et culturels des usagers. Elles montrent que les attributs valorisés chez un homme et une femme diffèrent d'un milieu à l'autre, mais témoignent aussi, plus généralement, d'un rapport socialement contrasté à l'outil. Le récit de Colin ci-dessous est révélateur de ces jugements sociaux qui s'expriment dans la manière d'apprécier et de décoder les profils en ligne.

> — Moi je like [sollicite] celles qui sont jolies ou celles qui ont, je trouve, une description marrante […]
> — **C'est quoi les descriptions marrantes ?**
> — Des bonnes références ça me plaît bien, des références cinématographiques ça me fait bien marrer. Des jeux de mots nuls, ça j'aime bien, je me dis que c'est quelqu'un de rigolo donc c'est chouette, ça va être marrant. Je regarde aussi le contenu des photos, pas juste la personne, genre comment la photo a été prise.
> — **Tu as remarqué qu'il y a des trucs que tu aimes plus que d'autres ?**
> — Il y a un truc que je n'aime pas, par exemple, ou ça me donne une idée, c'est genre 10 selfies d'affilée, genre, tu sais, avec la bouche comme ça [il mime une bouche de

canard puis rit]. C'est horrible de se moquer mais c'est un truc, « bon tu t'aimes beaucoup c'est vrai mais… » Donc ça, c'est vrai que généralement c'est un truc, je ne vais pas trop matcher même si la fille est très jolie, c'est juste que je trouve ça ridicule. Voilà. Des trucs que j'aime bien… J'aime bien les jolies photos en fait, les photos qui ont été bien prises, pas surfiltrées d'Instagram mais juste une jolie photo. Il y en avait une qui m'avait marqué, beaucoup d'éléments qui me plaisaient. C'était une nana qui était assise à son piano, c'était une photo en noir et blanc, mais pas une photo qui avait été transformée, c'était un appareil photo qui faisait du noir et blanc. Très jolie, elle était de dos à son piano, je crois qu'il y avait un chat sur le piano et elle avait un super joli tatouage, tout était très symétrique. Et du coup cette photo m'a marqué, j'ai matché [Colin, 22 ans, étudiant. Parents : employés du privé].

Étudiant en musique et en voie d'ascension sociale par rapport à ses parents, dont il souligne en entretien le faible niveau de capital culturel, Colin est sensible aux photographies dont il scrute non seulement le motif mais aussi la dimension artistique, c'est-à-dire le cadre, la prise et le type d'appareil photo. À la finesse de la deuxième image dont il apprécie la symbolique, il oppose la vulgarité des autoportraits féminins aux poses suggestives. Son récit témoigne des multiples jugements de goût qui entrent en compte dans la considération des photographies. Loin de présenter simplement le « physique » de la personne (lui-même éminemment social), les images véhiculent de nombreuses informations sur le milieu et le mode de vie des individus.

Une analyse systématique de photographies publiées sur une application de rencontres en fournit de nombreuses illustrations. S'il existe des normes fortes quant à la pratique photographique – au point qu'il est « peu d'activités qui soient aussi stéréotypées et moins abandonnées à l'anarchie des intentions individuelles » comme le disait Pierre Bourdieu[14] –,

---

14. Pierre Bourdieu (dir.), *Un art moyen. Essai sur les usages sociaux de la photographie*, Paris, Minuit, 1965, p. 38.

les images varient pourtant d'un groupe social à l'autre. Elles témoignent d'esthétiques divergentes en même temps que les motifs révèlent, consciemment ou inconsciemment, des espaces et des conditions de vie différents. C'est ainsi que, parmi les portraits répertoriés, ceux des utilisateurs peu dotés sont souvent pris au domicile. Sous format de « selfies » bien souvent – ces autoportraits produits avec un téléphone mobile –, ils laissent apparaître la personne, souriante et fixant l'objectif de la caméra, mais aussi en arrière-plan le foyer : chambre, cuisine ou salle de bain.

À ces images, prises sur le vif, s'opposent les portraits d'utilisateurs issus des classes favorisées. Non seulement ces photographies sont davantage travaillées, prises avec un appareil photo plus souvent et présentant une image en noir et blanc par exemple, mais la mise en scène est aussi plus étudiée. Prenant un air sérieux et détournant le regard, ces usagers se présentent dans des contextes de loisir et de sociabilité : au café, en vacances, jouant d'un instrument... Le résultat témoigne d'un grand effort pour produire des effets de spontanéité. En se détournant de l'« esthétique fonctionnelle » caractéristique des classes populaires[15] – dont les images ne prétendent pas avoir pour autre objectif que la présentation de soi –, ces images ont l'avantage de permettre aux utilisateurs d'afficher une attitude naturelle, voire nonchalante, outre le fait qu'elles donnent de nombreux indices également sur les goûts, les loisirs et les lieux de vie.

Ces clivages sociaux se retrouvent dans les textes écrits. L'extrait de Colin montre aussi l'importance accordée à la « description » produite par les usagers et à laquelle les classes supérieures sont particulièrement attentives. Mêmes lorsqu'ils sont brefs, ces textes sont truffés de références culturelles et comportent souvent des jeux de mots et d'autres pirouettes linguistiques par lesquelles ces usagers cherchent à se distinguer de la masse des inscrits. À l'aise avec la rédaction, les classes supérieures jouent, et jouissent, de leurs atouts et

---

15. *Ibid.*

produisent des descriptions habiles que l'on ne peut souvent décoder sauf à disposer des clés de lecture culturelles. Chez les usagers de milieux plus modestes, en revanche, le texte est beaucoup plus en retrait. Se présenter à l'écrit est un exercice jugé difficile mais surtout prétentieux, considéré comme le fait de « se la raconter ».

> Je n'ai pas mis d'annonce. Il y a des personnes qui font des textes, mais de deux pages quoi ! [...] J'y ai pensé mais c'était difficile, je me suis dit mais comment mettre une annonce dans ce truc-là. Ce n'est pas possible ! [...] Je me suis dit non, après je vais être ridicule [Fatima, 34 ans, assistante sociale].

Ces attitudes différentes vis-à-vis de la présentation textuelle traduisent un rapport socialement contrasté à l'écrit mais aussi à l'exposition de soi que l'exercice implique. Il tient non seulement à la différence d'aisance et de compétences rédactionnelles, mais aussi à des dispositions plus ou moins grandes à se mettre en scène ainsi. Dans les classes populaires en particulier, « parler de soi expose au soupçon de prétention, de souci de distinction[16] ». Les textes sont donc souvent absents chez les personnes issues de milieux modestes, car jugés ostentatoires. *In fine,* ces différents codes sociaux relatifs à la présentation de soi amènent les usagers à détourner l'attention des profils très différents des leurs – jugés lacunaires, peu attractifs, bizarres, ridicules, vantards ou vulgaires – pour s'intéresser plutôt aux personnes qui, au vu de leurs propres standards, sont jugées « bien présentées ».

Le cœur et ses raisons

Support des premières impressions, le « profil » joue donc un rôle important dans les rencontres en ligne. Il donne lieu à une présélection des partenaires éligibles dont les modalités

---

16. Claude Poliak, « Manières profanes de "parler de soi" », *Genèses* 2, n° 47, 2002, p. 8.

font écho au processus de recrutement professionnel : face à un nombre souvent abondant de candidatures, les employeurs procèdent par une sélection-élimination en étapes dont la première consiste justement à évaluer les candidats « sur profil » (CV et lettres de motivation) avant de rencontrer seulement un petit nombre en face-à-face (entretien). D'une manière semblable, les usagers des services de rencontres procèdent à une « opération de qualification » des candidats éligibles qui sont filtrés au préalable[17].

Cette présélection des partenaires potentiels est une vraie nouveauté par rapport aux rencontres traditionnelles et constitue un des aspects les plus controversés des rencontres en ligne. Le « choix sur profil » indispose les commentateurs comme les usagers eux-mêmes : nombreux sont ceux qui expriment un malaise face à cette démarche inédite qu'ils associent volontiers à l'univers de la consommation[18]. Alors que, dans les contextes hors ligne (dans les soirées ou les bars par exemple), les opérations de sélection-élimination se déroulent souvent de façon implicite et indirecte (aller parler avec telle personne plutôt que telle autre), les services spécialisés formalisent la procédure de tri. Cet exercice oblige à une réflexivité des usagers qui doivent à la fois décider de la manière de se présenter et penser aux critères de choix. C'est d'ailleurs une critique souvent faite aux sites et aux applications que d'avoir donné lieu à une forte rationalisation de la rencontre, induisant un rapport stratégique tant à la présentation de soi qu'à autrui.

Il existe pourtant divers modes d'appropriation de ces services, caractérisés par des formes de rationalité différentes. C'est ce que montre Andreas Schmitz dans sa recherche sur les rencontres sur Internet fondée sur une approche résolu-

---

17. François Eymard-Duvernay et Emmanuelle Marchal, *Façons de recruter. Le jugement des compétences sur le marché du travail*, Paris, Métailié, 1997 ; Johann Chaulet, « Sélection, appariement et modes d'engagement dans les sites de mise en relation », *Réseaux* 2, n° 154, 2009.

18. Marie Bergström, « La loi du supermarché ? Sites de rencontres et représentations de l'amour », *Ethnologie française* 43, n° 3, 2013.

ment bourdieusienne[19]. À l'encontre de l'idée d'une rationalisation généralisée induite par l'outil, il souligne l'existence de logiques d'usage différentes et situées dans l'espace social. Prenant pour objet les comportements mensongers dans les profils, son étude montre que les comportements stratégiques sont plus courants au sein des classes moyennes. La rationalité est ici mesurée par le fait d'anticiper ses attributs peu valorisés et d'arranger la vérité en fonction. Les classes supérieures sont peu nombreuses à user de ces tactiques, bénéficiant déjà de capitaux valorisés par la société de même qu'un sentiment de légitimité. Chez les classes populaires, les pratiques mensongères sont plus courantes mais aussi peu ciblées : les informations trompeuses sont sans lien avec les chances de nouer des contacts. C'est finalement dans les classes moyennes que l'on observe les comportements les plus stratégiques : les usagers modifient leur profil dès lors qu'ils se considèrent désavantagés dans les rencontres en ligne[20]. Il s'agit là d'une forme d'autocorrection caractéristique des franges intermédiaires de la hiérarchie sociale dont la prétention d'ascension se solde par un rapport plus réflexif et stratégique aux pratiques.

L'étude des pratiques de présélection des partenaires conduit à prolonger cet argument et à le nuancer. Les utilisateurs ont des réactions très différentes face à cet exercice, et font preuve de critères de sélection plus ou moins précis et explicites. Certains font preuve de beaucoup de calcul et de raison dans leurs choix en ligne, ce qui se manifeste notamment dans l'attention portée aux critères explicitement sociaux tels que le niveau d'étude ou la profession. Or plutôt qu'elle ne caractérise une certaine classe sociale, cette attitude dépend des trajectoires. Plus souvent que les autres, ce sont les utilisateurs en mobilité sociale – ascendante ou descendante – qui expriment une forme de réalisme dans leur choix d'interlocuteurs, de même qu'une certaine exigence. C'est le cas de cette jeune utilisatrice :

---

19. Schmitz, *The Structure of Digital Partner Choice*, op. cit.
20. *Ibid.*

— Dans mes critères sur Internet, j'ai du mal à parler, c'est hyper élitiste, mais j'ai du mal à parler avec des gens qui ont moins de bac + 5. Ou alors il faut vraiment faire preuve d'esprit. C'est des critères beaucoup plus objectifs.

— **Qu'est-ce que tu veux dire par « faire preuve d'esprit » ?**

— Il faut être drôle, il faut montrer, je pense, une certaine culture quelque part. Déjà, un mec qui ne sait pas écrire correctement, c'est rédhibitoire. Je ne réponds même pas, je pense. Et si je lui réponds, parfois ça m'arrive, c'est pour corriger toutes ses fautes d'orthographe. Ça veut dire qu'il reviendra me voir quand il saura correctement écrire le français [Anna, 23 ans, étudiante. Parents : employés du privé].

Étudiante en dernière année de sciences politiques, Anna désire rencontrer un partenaire avec un niveau d'études équivalent au sien et se montre sévère envers les interlocuteurs qui font preuve d'une maîtrise faible du français. À travers ses critères de sélection, elle témoigne d'un sens aigu de sa propre place dans la hiérarchie sociale : visiblement offusquée par la prétention d'hommes qu'elle juge ne pas être à sa hauteur, elle leur répond seulement pour les remettre à leur place. Cette susceptibilité doit être remise dans le contexte de sa trajectoire sociale et celle de sa famille. Immigrés de Pologne et sans diplômes, ses parents ont d'abord travaillé comme ouvriers non qualifiés avant de progresser dans la hiérarchie sociale grâce à des promotions internes à leur entreprise. Les désirs d'Anna s'inscrivent dans la lignée de cette ascension et se manifestent sur le plan professionnel – elle souhaite occuper « un poste de cadre » sans autre précision – mais aussi conjugal. Le statut social du partenaire devient ici une mesure et un enjeu pour son propre statut qui, loin d'être établi, reste incertain et l'objet d'une possible révision.

Le fait de scruter les indices sociaux et sélectionner sur des critères très précis ne sont pas des comportements observés parmi l'ensemble des usagers. Ces pratiques sont surtout courantes en cas de déclassement ou d'ascension sociale. Comme pour d'autres jugements de goût, le caractère stratégique des jugements amoureux et sexuels distingue ceux qui doivent faire valoir leur place dans la hiérarchie sociale de ceux qui ont le privilège de vivre leur position, et les goûts qui y sont associés, comme une simple manière d'exister et d'embrasser le monde. Dans ce deuxième cas, les critères de sélection prennent un caractère plus feutré, comme dans le cas de Michèle [49 ans, écrivaine] qui dit ne pas avoir de « critères de revenus ou de profession [...] je ne pensais pas à ces choses superficielles. J'essayais plutôt de m'imaginer la relation, "qu'est-ce que je ressentirais, à quoi ça ressemblerait, qu'est-ce qu'on ferait un dimanche après-midi" ». Non moins sociaux, ces critères répondent à d'autres formes de jugements. Les rationalités mises en œuvre en ligne sont donc diverses – notamment par leur degré de réalisme – et ne se réduisent pas à un choix rationnel sur critères explicites, un modèle qui existe parmi d'autres.

Surtout, l'usage des sites et des applications n'est pas surdéterminé par ce « choix sur profil ». La présélection des partenaires n'est pas la fin de l'histoire mais, au contraire, le début du contact : dans un deuxième temps, les utilisateurs échangent par messages. Laissant les profils standardisés de côté, ils apprennent alors à se connaître par écrit sans que les critères de sélection, pas plus qu'ailleurs, n'aient « à se formuler autrement que dans le langage socialement innocent de la sympathie ou de l'antipathie[21] ».

Et plus si affinités culturelles

La sélection des interlocuteurs à partir des profils opère un premier aiguillage social sans pour autant que les contacts ne soient noués uniquement avec des individus proches dans l'espace social. Comme le disent deux utilisatrices, sur ces services, « tu rencontres de tout, de tous les milieux socio-culturels » [Virginie, 29 ans, assistante sociale] et « tu vas parler avec des gens avec qui, naturellement, tu n'irais pas forcément parler » [Audrey, 22 ans, étudiante. Parents : cadres

---

21. Bourdieu, *La Distinction*, *op. cit.*, p. 270.

du privé]. Or, si les utilisateurs engagent la conversation avec des personnes de milieux différents, ils *restent en contact* surtout avec celles qui leur ressemblent socialement. C'est ce que montre une analyse des comportements de contact sur Meetic en France[22] et c'est également ce qu'observe Andreas Schmitz dans son étude d'un site allemand[23]. Cela veut dire que l'homogamie en ligne ne résulte pas de la présélection des profils mais se produit progressivement au cours de l'interaction. Aussi bien le contenu des messages que les codes de conversation jouent alors un rôle important.

Se séduire à l'écrit

Les échanges en ligne repose sur une forme de séduction en partie spécifique. Contrairement aux rencontres « ordinaires » qui sont souvent rythmées et organisées par d'autres pratiques – les sorties, les dîners, la danse, les promenades… –, l'interaction sur les sites et les applications se réduit dans un premier temps à l'échange verbal. C'est d'autant plus vrai qu'elle se caractérise par l'absence de face-à-face et de langage corporel. La séduction s'inscrit alors dans un registre plus « intellectuel, pas sensoriel » comme le dit un utilisateur à propos de la rencontre avec sa conjointe. À ce sujet, il ajoute enthousiaste :

> En quelques minutes d'échange, on discutait ! On était tout de suite sur une autre planète quoi, d'égal à d'égal comme je disais tout à l'heure. [...] Tu me demandais tout à l'heure quel type de sujets on avait abordés avec Agnès. Je ne sais pas : tout ! Mais tous les sujets étaient des sujets sur lesquels on se trouvait des envies de parler ensemble [Claude, 57 ans, cadre supérieur de la fonction publique].

Comme l'illustre cette citation, l'affinité ressentie sur un site ou une application de rencontres traduit une entente produite par le verbe. Si deux utilisateurs poursuivent l'échange au-delà

---

22. Bergström, « (Se) correspondre en ligne », *loc. cit.*
23. Andreas Schmitz, « Elective Affinities 2.0 ? Bourdieu's approach to partnership formation in the light of e-dating contact patterns », *RESET* 1, n° 1, 2012.

du premier contact, c'est qu'ils ont « des choses à se dire » comme le souligne Claude. D'abord un rituel de questions-réponses, le contact se maintient lorsque les interlocuteurs trouvent un sujet sur lequel les deux savent et souhaitent converser. Dans un contexte d'introduction où l'on apprend à se connaître, les premières questions portent souvent sur « ce qu'on fait », c'est-à-dire les études ou le travail, mais aussi « ce qu'on aime » comme les loisirs, les passions et les goûts musicaux, cinématographiques ou littéraires. Le fait d'avoir des intérêts communs, et plus généralement de partager un univers référentiel, facilitent alors les échanges. C'est ainsi que l'homogamie des rencontres en ligne traduit souvent une affinité culturelle. Ce n'est pas vrai uniquement des classes supérieures, qui certes se revendiquent d'une consommation culturelle importante en fonction de laquelle elles se jugent, mais aussi des utilisateurs plus modestes dont les goûts sont différents mais qui ne parlent pas moins de ce qu'ils aiment. Le récit de Brigitte illustre l'affinité qui peut émerger dès lors que ces goûts se reflètent dans ceux de l'autre :

> Il est passionné de Johnny Hallyday [rire]. Comme moi aussi j'aimais bien Johnny... Bon ce n'est pas mon idole favorite, mais j'aime bien Johnny et comme lui, c'est franchement son idole, il était content de rencontrer quelqu'un qui pense un peu comme lui sur cette vedette-là parce que Johnny n'est pas apprécié de tout le monde. [...] On n'avait pas beaucoup de discordance, hein ! [Brigitte, 50 ans, infirmière].

Par le terme courant de *feeling*, les utilisateurs désignent le sentiment de proximité qui naît lors d'un échange fluide et réciproque où les sujets de conversation vont de soi. Le *feeling* peut être défini comme un sentiment d'affinité intuitive. Dans les termes de Cécilia [39 ans, secrétaire], « c'est quand on parle avec quelqu'un, qu'il n'y a pas de blancs, qu'on sait quoi se dire, on parle un peu le même langage ». Sans la possibilité de partager une activité, un regard ou une intimité physique, cette affinité émerge plus qu'ailleurs dans le partage d'un univers commun : dans des pratiques et des pensées qui se répondent. Dans cette connivence, l'humour joue un rôle central. Nombreux sont les utilisateurs à insister sur l'importance de la dérision, de l'ironie et des plaisanteries. Se faire rire, c'est créer de la sympathie alors que, *a contrario,* des blagues qui tombent à plat jettent souvent un froid. Fondé sur un système de références que l'on doit partager pour pouvoir en saisir le sens, l'humour est éminemment social et participe à ce titre, lui aussi, à l'homogamie sociale.

Ces formes d'affinité culturelle, qui insistent sur l'autosélection sociale, ne doivent pas masquer les pratiques de rejet, c'est-à-dire l'élimination des partenaires potentiels, qui sont aussi constitutives des échanges en ligne. Si la cooptation concerne tous les milieux sociaux – les cadres autant que les ouvriers font preuve d'une inclination pour des partenaires qui leur ressemblent –, les pratiques de disqualification sont bien plus unilatérales et visent les personnes plus modestes.

Celles qui prennent pour cibles les classes populaires sont à ce titre illustratives et, parmi les comportements de rejet, un s'exprime avec une violence particulière : le dégoût de la mauvaise orthographe. Il faut dire que la diffusion des applications mobiles n'a pas diminué le rôle central qu'occupe l'écrit dans les rencontres sur Internet. Les profils sont certes devenus plus visuels et moins bavards, mais la communication ne reste pas moins fondée sur le texte : sur Internet, on ne se parle pas, on s'écrit. C'était vrai au début du réseau – lorsque Internet était surtout un univers textuel – mais c'est aussi le cas des plateformes contemporaines pourtant très « multimédias ». Avec les nouvelles technologies mobiles, le portable est même de moins en moins utilisé pour téléphoner et de plus en plus comme un support d'écriture. Le constat fait par Valérie Beaudouin au début du Web reste donc vrai aujourd'hui : « Sur Internet pour le moment, comme sur le Minitel, on parle avec les mains et on écoute avec les yeux[24]. »

---

24. Valérie Beaudouin, « De la publication à la conversation. Lecture et écriture électroniques », *Réseaux*, n° 116, 2002, p. 201.

Il en résulte que les services de rencontres sont fondés sur une inégalité fondamentale : celle de l'écrit. Si, dans les pays occidentaux, les individus savent pour la plupart lire et écrire, ils n'ont pas les mêmes connaissances linguistiques et n'ont pas les mêmes compétences rédactionnelles. C'est notamment le cas en France où l'écrit est peu phonétique (la prononciation ne révèle pas toujours comment le mot s'épelle), ce qui résulte en une forte inégalité d'accès à la langue écrite – même lorsque c'est la langue maternelle[25]. C'est ainsi que la rédaction permet de situer socialement un individu inconnu. Les groupes sociaux se distinguent selon le degré de formalisme et de distance avec le langage parlé, d'une part, et dans la maîtrise de l'orthographe, d'autre part[26]. La conséquence est simple, mais capitale : les sites et applications de rencontres reposent sur un mode de communication fort discriminatoire. C'est d'autant plus le cas que la rédaction est devenue un critère de filtrage – non prévu en tant que tel – des partenaires potentiels. Loin de rester un simple médium, l'écrit constitue en effet un critère de sélection pour les usagers scolairement dotés.

Apparue comme un critère discriminant pour les usagers diplômés de l'enseignement supérieur – indépendamment du niveau ou du secteur d'études –, l'orthographe est aussi l'un des rares à être formulés sans complexe en tant que tel. Les usagers sont nombreux à dire que la mauvaise orthographe disqualifie immédiatement une personne en tant que partenaire potentiel. C'est le cas de Yannick qui affirme que « quelqu'un qui fait des fautes d'orthographe, ce n'est pas la peine ! » [31 ans, professeur agrégé] et Élodie qui déclare : « Si je vois des fautes d'orthographe, je zappe tout

25. Bernard Lahire, *Culture écrite et inégalités scolaires. Sociologie de l'« échec scolaire » à l'école primaire*, Lyon, Presses universitaires de Lyon, 1993.

26. Bernard Lahire, *La Raison scolaire. École et pratiques d'écriture, entre savoir et pouvoir*, Rennes, Presses universitaires de Rennes, 2008 ; Basil Bernstein, *Langage et classes sociales. Codes socio-linguistiques et contrôle social*, Paris, Minuit, 1975.

de suite » [20 ans, étudiante. Parents : profession intellectuelle supérieure et cadre du privé]. Parce que l'écrit est intimement mais en même temps implicitement lié au milieu social, il est révélateur d'un certain mépris de classe : il provoque une aversion dont les ressorts sociaux sont peu conscients et que l'on admet ainsi d'autant plus facilement. À travers les registres de justification, il est possible de déplier tout l'éventail de l'antipathie que les classes populaires suscitent chez les autres. Les récits de Patrick et de Delphine en donnent deux exemples des formes de rejet qui sont l'invocation d'un manque de valeurs et de l'immaturité :

> — Une personne qui n'est pas trop forte au niveau orthographe, c'est mort, c'est mort [...]
> — **Tu ne vas pas la rencontrer ?**
> — Non, je ne vais pas la rencontrer. Peut-être à tort, mais pour moi l'orthographe c'est lié très clairement à deux choses qui sont elles-mêmes liées. C'est l'éducation et le niveau, pas forcément intellectuel, parce qu'intellectuel c'est autre chose. Être mauvais en orthographe, ce n'est pas le niveau intellectuel mais l'éducation. Et ça ne correspond pas non plus à mes valeurs. Je fais l'effort, même si je suis français, je fais l'effort d'apprendre à l'école l'orthographe et de parler correctement. J'espère que je parle correctement. Et donc les personnes qui n'ont pas fait cet effort-là, voilà ! [Patrick, 32 ans, consultant].

> J'ai discuté avec des gens très différents. Un pompier, qui avait l'air en fait très jeune mais qui finalement avait à peu près le même âge que moi. Un qui était dans l'informatique je crois. Et puis il y en avait un qui était dans l'aéronautique et un qui était dans la cuisine, œnologue, quelque chose comme ça. Donc alors, entre le pompier qui était adorable mais qui faisait plein de fautes d'orthographe, qui parlait d'une manière très très jeune, j'ai laissé tomber. [...] On a échangé pas mal de mails, avec les quatre en fait. Et lui, ce qui a fait qu'à un moment donné j'ai laissé tomber, j'avoue que c'était son langage... vraiment il écrivait comme en CP ! [rire] » [Delphine, 32 ans, assistante sociale].

Qu'elles suscitent le dégoût ou l'hilarité, les fautes d'ortho-graphe provoquent un certain dédain. Dans les jugements de l'écriture c'est l'ensemble des hiérarchies sociales qui se manifestent et s'expriment sous forme d'oppositions : mature/immature, éduqué/grossier, sérieux/paresseux, intelligent/bête, soigné/sale, raffiné/vulgaire... La distance sociale qui s'exprime dans les modes d'expression est jugée comme une distance morale : les pratiques des classes populaires (notam-ment les pratiques linguistiques) sont considérées comme un manque de valeurs[27]. En tant que pratique distinctive, l'orthographe révèle aussi une certaine « insécurité linguis-tique[28] », en particulier des classes moyennes qui cherchent à asseoir leur statut social par la bonne maîtrise du français. Le cas d'Anna, citée précédemment, en fournit un exemple.

Ces jugements sociaux à l'œuvre dans la rencontre ne concernent pas uniquement les rencontres amoureuses. La mauvaise orthographe est aussi « rédhibitoire » dans le cas des relations plus éphémères, comme le souligne notamment Paul [26 ans, responsable webmarketing]. Il affirme : « Si je vois qu'elle fait des fautes d'orthographe ou qu'en gros elle n'écrit pas bien, c'est pas possible. Même juste pour du sexe, pour un plan cul entre guillemets, je ne pourrais pas ». Une idée courante (y compris chez les sociologues) voudrait que les attentes à l'égard d'un conjoint soient radicalement différentes de celles vis-à-vis d'un partenaire occasionnel, tant le couple serait porteur d'enjeux sociaux alors que la sexualité en serait dépourvue. C'est oublier que les rencontres – quelles qu'elles soient – mobilisent des jugements de goût (et de dégoût) quant à ce qui est beau, moche, raffiné, ridicule ou vulgaire, c'est-à-dire des schèmes de perception socialement et sexuellement situés. Cela explique que les rencontres sexuelles, tout comme les relations amoureuses,

---

27. Béatrix Le Wita, *Ni vue ni connue. Approche ethnographique de la culture bourgeoise*, Paris, Éditions de la Maison des sciences de l'Homme, 1988.
28. Aude Bretegnier et Gudrun Ledegen (dir.), *Sécurité/insécurité linguis-tique. Terrains et approches diversifiés*, Paris, L'Harmattan, 2002.

sont traversées par des logiques homogames[29]. C'est vrai en ligne comme hors ligne.

À travers la communication écrite, les interlocuteurs font donc connaissance. Si la volonté est de se connaître mutuellement, l'échange ne se limite pas à cet objectif informatif : s'intéresser et se révéler à l'autre sont aussi des pratiques constitutives du jeu de la séduction. Pour ce jeu aussi, cependant, il existe des règles variées.

Les codes de la séduction

Envisagée tantôt comme une pratique masculine[30], tantôt comme un attribut intrinsèquement féminin[31], la séduction est habituellement abordée par le prisme du genre. En tant que pratique sociale, elle est pourtant située dans l'espace social et − tout comme la culture, les loisirs et la sociabilité − vecteur de distinction. Si, comme le montre Michel Bozon, la « remise de soi » est une pratique constitutive de toute rencontre, en particulier dans les relations amoureuses naissantes[32], les acteurs ne partagent pas la même idée de ce qu'il faut donner de soi. Des conventions concurrentes existent quant aux informations jugées convenables ou non de partager dans un contexte de séduction. Ce désaccord est tangible sur les services de rencontres où les attitudes sont particulièrement contrastées quant à l'évocation de la vie intime. Tandis que les expériences affectives antérieures, et l'explicitation des attentes en matière de rencontres, constituent un sujet de conversation important pour les utilisateurs issus de milieux modestes, ces questions relatives à la biogra-

---

29. Edward O. Laumann *et al.*, *The Social Organization of Sexuality. Sexual Practices in the United States*, Chicago, University of Chicago Press, 1994 ; Vincent Rubio, « Prostitution masculine sur Internet. Le choix du client », *Ethnologie française* 43, n° 3, 2013.

30. Jean-Claude Bologne, *L'Invention de la drague. Une histoire de la conquête amoureuse*, Paris, Seuil, 2010 ; Gourarier, *Alpha mâle, op. cit.*

31. Jean Baudrillard, *De la séduction*, Paris, Galilée, 1979.

32. Michel Bozon, *Pratique de l'amour. Le plaisir et l'inquiétude*, Paris, Payot, 2016.

phie et aux préférences amoureuses paraissent au contraire incongrues aux usagers socialement favorisés.

— **Vous avez discuté de quoi ?**
— On a surtout parlé de ses ex. Parce que dès que je voyais un gars sur Tinder, je leur demandais c'était quoi leur rapport à Tinder, s'ils avaient déjà eu des relations et tout, et lui il me disait qu'il avait enchaîné les meufs Tinder parce qu'il cherchait la femme de sa vie [Agathe, 21 ans, étudiante. Mère : employée du privé. Père : inconnu].

Attends, je me souviens d'un type qui m'avais dit genre « et tu as été avec combien de mecs ? » ou une chose comme ça, tout de suite, dans le premier message ! C'est un peu… ! Attends, demande-moi ce que je fais dans la vie et tout ça. Oui, souvent dans ce registre, sur les relations passées ou des trucs comme ça. […] Qu'un type qui est dans un truc de soi-disant séduction me dit « Ouais, tu as eu combien de relations ? » ! Tu vois ! [Sarah, 23 ans, étudiante. Parents : professions intellectuelles supérieures].

Bien qu'évoquées dans des espaces explicitement voués aux rencontres affectives et sexuelles, les questions relatives aux relations passées sont considérées « déplacées » par les utilisateurs dotés notamment en capitaux culturels : si séduire c'est s'intéresser à l'autre, l'intime ne constitue pas un registre jugé opportun à cette phase de la relation. De la même manière, les codes diffèrent fortement quant aux manières de manifester son intérêt affectif et sexuel pour l'autre. Pour les utilisateurs issus de milieux modestes, les compliments sont centraux à l'activité de séduction : pour Karim [24 ans, étudiant. Mère : employée (au chômage). Père : inconnu], séduire, c'est dire des choses qui font « que les choses avancent, comme "je t'apprécie beaucoup", "tu es charmante", "tu es belle, tu es beau" et ainsi de suite ». Pour Audrey [22 ans, étudiante. Parents : cadres du privé], c'est tout le contraire : un homme « qui te fait comprendre précipitamment qu'il t'aime bien », c'est un « mec lourd » et

« sans tact ». Ce sont là deux pratiques de séduction divergentes et, plus précisément, deux idées très différentes de la manière de montrer son appréciation. Alors que, dans les classes populaires, la séduction correspond à une explicitation de son intérêt pour l'autre, les classes moyennes et supérieures témoignent, à l'opposé, d'un rituel de séduction valorisant l'ambiguïté des intentions. Alors que le caractère fugace, sous-entendu et impalpable est souvent présenté comme une caractéristique universelle de la séduction, c'est en réalité une pratique socialement située.

Si les pratiques de séduction sont ainsi clivées, c'est que les contextes de rencontres ne sont pas les mêmes. Malgré la tendance générale de privatisation de la sociabilité, la géographie amoureuse et sexuelle reste socialement ségréguée : les personnes issues des classes supérieures font plus souvent connaissance de leur conjoint dans des espaces *fermés* ou *privés* tandis que celles issues des classes populaires le rencontrent plus souvent dans un lieu *public*[33]. Avec ces différents contextes de rencontres viennent aussi différentes manières de se rapprocher des partenaires potentiels. Caractérisé par l'ambiguïté et le non-dit, le jeu de séduction des personnes socialement favorisées est associé à des espaces de sociabilité partagés par les deux protagonistes (lieu d'études ou de travail, associations, soirées entre amis…). L'implicite est alors de mise – et permis – dès lors que les acteurs sont potentiellement amenés à se revoir et à se fréquenter à l'avenir, d'une part, et qu'un public curieux assiste souvent à la scène, d'autre part.

Cette séduction tâtonnante et prudente, consistant à faire « comme si de rien n'était » comme le dit une utilisatrice, se pratique plus difficilement dans des espaces publics (bars, discothèques, dans la rue…) où l'enjeu consiste non seulement à attirer l'attention de l'autre mais à produire une deuxième rencontre qui n'aurait pas lieu sinon. La scène de l'interaction oblige alors les acteurs, dont plus particuliè-

---

33. Bozon et Rault, « De la sexualité au couple », *loc. cit.*

rement les hommes auxquels il revient souvent de prendre l'initiative, à « montrer leurs cartes ». La séduction ne saurait être subtile dans un contexte – comme la rue ou les transports en commun, comme dans l'exemple ci-après – où il faut attirer l'attention de l'autre et lui signaler son intérêt :

> J'ai rencontré une fille dans un bus. En plus, c'était trop bizarre parce que juste avant elle venait de se faire accoster par un garçon, mais elle l'avait jeté « Ouais mais non, ne me parle pas, tu me déranges, tu m'énerves, ouais, laisse-moi tranquille et tout ». Et je l'ai vu et j'ai rigolé, j'étais mort de rire parce que je voulais aussi aller la voir et donc je vois ça, je fais « Merde, oh putain, c'est chaud et tout ». Après j'ai fait « Ah purée, les gens aujourd'hui, enfin, il t'accoste de manière trop impolie », elle me regarde et elle sourit. Je fais « Non, mais ce n'est pas normal comme il t'a accostée ». Je commence à parler avec elle et ça se passe bien et tout. Après, je dis « Ça serait bien qu'on se voie, j'apprécie de parler avec toi, j'aimerais bien te revoir », voilà. Elle me dit « OK, pas de problème », on s'est échangés nos numéros [Karim, 24 ans, étudiant. Mère : employée (au chômage). Père : inconnu].

Cette scène de séduction n'est pas inhabituelle pour une partie des utilisateurs, issus de milieux modestes, qui ont l'habitude de faire des rencontres dans différents types d'espaces publics. Pour les personnes appartenant aux classes moyennes et supérieures c'est en revanche une situation insolite. Aborder des partenaires potentiels (ou se faire aborder) dans la rue et de façon explicite est une pratique jugée vulgaire. Rapidement disqualifié comme de la « drague », ce mode de séduction indispose les femmes comme les hommes :

> — C'est l'étiquette de dragueur bas de gamme que je déteste.
> — **C'est quoi un dragueur ?**
> — Un mec qui est venu avec ses trois potes et qui est là pour enchaîner les rencontres : « Salut, je te trouve mignonne. Tu fais quoi dans la vie ? » Qui fait ça à la chaîne aussi. Qui est mal habillé, qui est lourd, qui est collant et qui ne comprend pas quand il faut partir. Je n'ai

pas trop envie de passer pour un mec comme ça. [...]
C'est ça draguer, c'est de montrer que tu es intéressé et
tu essayes de te mettre à ton avantage. C'est ça que je
n'aime pas. Il y a un concept ridicule. C'est ridicule dans
le sens où tu te mets en avant. Le dragueur lourd, il bouge
particulièrement dans les boîtes de nuit. [...] Tu sens qu'il
est là pour ça ! Il va parler à la fille pour ça ! Souvent il
raconte des banalités, « Tu es jolie », etc. [...] Dans les
soirées [entre amis] c'est beaucoup plus subtil. Ça peut
démarrer sur un truc stupide. Déjà tu passes ton temps
à être avec des gens qui discutent. Dans les boîtes, ce
sont des inconnus. Dans les soirées, il y a toujours plus
ou moins un lien [Antoine, 22 ans. Parents : professions
intellectuelles supérieures].

Ce jeune homme dresse ici le portrait du « dragueur »
qu'il associe non seulement aux lieux publics (comme les
boîtes de nuit) mais aussi à un certain « type de mec » jugé
« bas de gamme », « mal habillé », « lourd » et racontant « des
banalités » dont il cherche à se distinguer. Le portrait correspond à la figure du garçon populaire. À cette séduction explicite, il oppose celle « plus subtile » des soirées entre amis qu'il
connaît bien par ailleurs et qu'il dit préférer pour rencontrer
des filles. Ce sont des cadres privatifs où les rencontres ne se
font pas entre « inconnus » mais où « il y a toujours plus ou
moins un lien » comme il dit, c'est-à-dire que les individus
se connaissent par ailleurs ou ont des amis en commun.
Spatialement ancrés et socialement marqués, ces codes de
séduction sont importés sur les sites et les applications où
ils amènent les usagers à engager des conversations sous des
formes très différentes.

— **On parle de quoi ?**
— « Salut, comment tu vas beauté ? Tu as un beau sourire,
ton profil est sympa, qu'est-ce que tu fais dans la vie, tu
habites vers où ? », enfin voilà [Vanessa, 31 ans, serveuse].

Ils disent que ton nom est beau mais ils ne s'intéressent
pas à ce que tu fais. Tu te dis que c'est vraiment absurde
tu vois. C'est vraiment un truc genre, sur la photo tu

souris donc ils vont te dire « tu as un joli sourire », mais ça paraît vraiment… ! Oui, c'est gentil mais bon ça n'a rien de particulier, quoi [Sarah, 23 ans, étudiante. Parents : professions intellectuelles supérieures].

Étudiante en double diplôme – philosophie et histoire des sciences – et issue d'une famille à fort capital culturel, Sarah souhaite être appréciée pour ses qualités intellectuelles et non pas pour son sourire ou son prénom. Contrairement à Vanessa d'abord citée, elle juge les compliments à ce sujet banals et *déplacés*, c'est-à-dire qu'ils se trompent d'objet. Très investie dans les études, elle préfère que les garçons s'intéressent plutôt à ce qu'elle fait. La citation montre l'importance de la reconnaissance qu'accorde le partenaire aux qualités que l'individu valorise chez lui-même. Les préférences amoureuses et sexuelles ont en effet un caractère relationnel : elles ne concernent pas seulement les caractéristiques d'autrui (ce qu'on aime chez l'autre) mais la manière dont ce dernier reflète *ego* par son appréciation et sa personne (ce qu'il dit de moi). Sur Internet, Sarah se détourne ainsi des hommes qui ne savent pas reconnaître les caractéristiques qu'elle considère comme constitutives de sa propre personne.

Décrite comme un « jeu » en raison de son caractère fortement ritualisé, la séduction répond donc à des conventions quant à ce qui peut, et doit, être dit. Différents pour les femmes et les hommes, ces codes sont aussi sociaux et entrent, à ce titre, en contradiction les uns avec les autres : en témoignent surtout les propos des utilisatrices lorsqu'elles racontent leur aversion face aux avances jugées vulgaires ou inappropriées de la part d'hommes de milieux plus modestes. Dans un contexte où l'échange est réduit au verbe, la reconnaissance mutuelle des pratiques et des pensées – dans le sens à la fois de reconnaître et de valoriser – joue un rôle important dans l'affinité qui naît sur Internet, et *a fortiori* dans la décision de passer à « l'étape suivante » : la rencontre en face-à-face.

Quand le social prend corps

Dans son étude de la formation des couples, Michel Bozon souligne le rôle central que joue l'apparence physique dans les rencontres amoureuses. Envisagé comme un « signe global », révélateur à la fois de propriétés psychologiques, intellectuelles et sociales, le corps est au cœur des jugements relatifs aux partenaires potentiels et ainsi de l'appariement homogame[34]. La particularité des services de rencontres consiste justement à remettre cette rencontre *de visu* à un deuxième temps. Cette réorganisation des étapes n'a pas pour effet d'annuler l'importance du corps dans la rencontre mais elle change le rôle qu'il y occupe : habituellement le support des premières impressions, le « physique » devient ici une manière de vérifier comment l'interlocuteur *habite* son identité sociale.

Le corps et son décor

Contrairement à une idée courante, les rencontres en ligne donnent rarement lieu à une longue relation épistolaire. Au contraire, lorsque les interlocuteurs s'apprécient par écrit, ils décident le plus souvent de se rencontrer rapidement en face-à-face. C'est vrai pour les rencontres amoureuses comme pour celles plus occasionnelles. Parmi les couples formés via un site de rencontres, presque un tiers se sont vus dans la semaine suivant le premier contact sur Internet, et plus des deux tiers se sont rencontrés dans le mois (illustration 8).

C'est que les rencontres en ligne n'enlèvent rien à l'importance accordée aux impressions produites *de visu* qui, par anticipation ou expérience, sont considérées comme capables de bousculer l'idée que l'on s'est faite par écrit. Lorsque le *feeling* passe dans les échanges écrits, les utilisateurs sont donc nombreux à chercher à abréger le temps d'interaction en ligne afin de confirmer ou infirmer les premières impressions.

---

34. Michel Bozon, « Apparence physique et choix du conjoint », *in* Louis Roussel et Thérèse Hibert (dir.), *La nuptialité en France et dans les pays développés*, Paris, Ined, 1991.

	Pourcentage	Pourcentage cumulé
1 semaine ou moins	31	31
1-4 semaines	37	68
1-2 mois	17	85
Plus de 2 mois	15	100

Illustration 8.   **Temps écoulé entre le premier contact sur Internet et la première rencontre en face-à-face**
Champ : personnes âgées de 26 à 65 ans, vivant en France métropolitaine, ayant rencontré leur partenaire actuel sur un site de rencontres. Source : enquête « Épic », Ined-Insee, 2013-2014.

La volonté de voir l'autre se nourrit, d'une part, du souhait d'apprécier esthétiquement l'autre : si une majorité d'utilisateurs ont vu une photographie de leur interlocuteur avant de le rencontrer, ils sont aussi nombreux à ne pas se fier à ces portraits plus ou moins récents et fidèles à la réalité. Le rendez-vous en face-à-face est donc un moment de calibrage du jugement esthétique. D'autre part, et plus encore, la rencontre physique est importante dans la mesure où la coprésence est considérée comme la seule manière de savoir véritablement à qui l'« on a affaire ». Réduire le corps à l'esthétique, c'est négliger l'apparence physique comme source de jugements sur la personne[35]. Est crucial « tout ce que tu n'as pas sur Internet, les mimiques des gens, leurs manières de réagir, etc., et qui t'en apprennent beaucoup sur les gens », comme l'explique une utilisatrice [Anna, 23 ans, étudiante. Parents : employés du privé]. L'attraction alors ressentie (ou non) va largement au-delà de ce qu'on appelle habituellement « attirance physique ».

> — **Tu disais que ça prend cinq minutes pour savoir ?**
> — Je dirais même au bout d'une minute ou deux. Tu sais, c'est l'alchimie. Tu sais tout de suite si la personne va te plaire ou pas.

---

35. *Ibid.*

— C'est la conversation ?

— Non, je pense que c'est physique. C'est quelque chose qui accroche ou pas. Mais ça n'a rien avoir avec le fait qu'il soit beau ou pas, parce que j'en ai eu de très laids. C'est plutôt une espèce d'alchimie, un truc qui se passe [Sylvie, 57 ans, sans activité professionnelle].

Le corps est à l'origine de multiples jugements qui font qu'avec l'autre, au premier abord, ça « accroche » ou non, comme le dit ici Sylvie. Les utilisateurs emploient souvent des termes vagues pour décrire un jugement qui, surtout lorsqu'il est négatif, est souvent immédiat : « C'est difficile à décrire ou savoir ce qui s'y joue. Mais c'est facile à savoir quand ça n'y est pas » [Sandra, 24 ans, étudiante. Parents : employée de la fonction publique et cadre du privé]. Il s'agit d'une impression d'ensemble où se mêlent des considérations de différents types – sociales, psychologiques, intellectuelles, physiques – dont les acteurs peinent à isoler les éléments[36]. La notion d'« alchimie » exprime cette affinité instantanée qui n'a rien de biologique mais traduit plutôt le sentiment d'évidence, difficilement expliqué car fondé sur de multiples jugements intuitifs, qui semble s'imposer aux acteurs. Le commencement sur Internet n'épargne pas les relations de cet accord corporel qui occupe un rôle important dans l'appariement des partenaires mais qui joue un rôle différent lors des rencontres en ligne.

Car même lorsque l'interaction sur Internet est brève, les individus viennent au premier rendez-vous avec des représentations préalables de leur interlocuteur. Plutôt que de l'ordre du fantasme comme souvent suggéré, elles s'apparentent à des portraits-robots fabriqués à partir des indices issus du profil ou reçus lors de l'échange écrit. La première rencontre physique constitue le moment où les acteurs appréhendent la façon dont l'autre habite cette identité. Dit autrement, elle permet d'observer comment la personne incorpore des caractéristiques déjà connues. Alors que l'apparence physique

36. *Ibid.*

constitue le point de départ lors des rencontres hors ligne
– support central des premières impressions –, elle joue ici
un rôle de vérification.

> J'en avais rencontré un autre, mais alors ça ne s'est pas
> bien passé parce que, déjà, il ne ressemblait pas du tout
> au mec qu'il y avait sur les photos. Enfin, c'était lui mais
> ça n'allait pas trop, ça ne collait pas trop. La manière dont
> il me parlait, son attitude, c'est un ensemble, ça n'allait
> pas. Il faisait un peu macho alors que sur les photos on
> ne dirait pas du tout un macho. C'était le mec un peu
> posé mais ringard [air de dégoût]. Je ne sais pas comment
> expliquer, mais la manière dont il s'assoit, il ne te regarde
> pas en face, enfin il y a plein de choses qui m'ont fait dire
> que celui-là, ça va pas du tout le faire. La voix aussi. Mais
> plein de choses, vraiment c'est plein de choses. Il avait
> la voix un peu bizarre [rire] [Carla, 22 ans, étudiante.
> Parents : cadres du privé].

Lors de la rencontre physique, les utilisateurs mesurent
l'écart entre le portrait qu'ils ont fabriqué de l'autre et son
apparence réelle. De même, ils apprennent sur son mode
de vie. Le rendez-vous ne permet pas seulement d'apprécier l'autre en face mais aussi « en situation ». Les récits des
usagers révèlent l'importance donnée aux lieux et aux activités
de la rencontre, perçus comme révélateurs de la personne et
annonciateurs de la future relation. Le premier rendez-vous
se déroule très souvent au café ou au bar, c'est-à-dire des
lieux accessibles et organisés autour de boissons rapidement
consommées qui engagent peu les interlocuteurs – en termes
temporels, monétaires et symboliques – et permettent facilement de mettre un terme au contact si besoin. Les activités
ultérieures sont toutefois discriminantes socialement : organisées souvent autour de pratiques culturelles légitimes dans
les classes supérieures (expositions, concerts et théâtre), elles
impliquent davantage des balades, des sorties au cinéma et
des dîners à la maison dans les classes moyennes et populaires.
Ces lieux et activités, qui fournissent les décors à la rencontre,
sont centrales pour la manière de juger le partenaire :

des rencontres qui se passent bien sont des rencontres où l'on apprécie l'autre mais aussi plus largement le moment passé ensemble. À l'inverse, un cadre en décalage avec les attentes constitue un élément dépréciateur.

> En vrai de vrai, il y avait quelque chose d'assez… je dirais étriqué […] C'est l'impression que j'ai eue, il n'y est pour rien, lui. Mais quand il m'a donné rendez-vous chez lui, j'ai vu son appartement et on est allés ensuite au restaurant qu'il avait choisi, qui était un peu renfermé, moisi et tout, je me suis dit non, je ne vis plus dans le même univers. Je ne pourrais pas vivre dans le même univers [Véronique, 68 ans, chef d'entreprise à la retraite]

Issue d'une famille modeste, Véronique a connu une forte ascension sociale par le travail. Elle raconte ici le rendez-vous avec un pianiste dont elle apprécie beaucoup la personne. Néanmoins, le contact ne survivra pas au premier rendez-vous dont le cadre conduit l'utilisatrice à y mettre un terme. À l'homme artiste et cultivé, Véronique a associé un mode de vie qui n'est pas celui qu'elle découvre « en vrai » : par rapport à l'ampleur de ses attentes, l'univers de cet homme lui paraît « étriqué » et « confiné ». Lors du rendez-vous hors ligne, le social prend corps : il s'incarne dans le physique, la voix, les gestes mais aussi les espaces et les pratiques. Le rendez-vous en face-à-face constitue ainsi un moment déterminant de la rencontre car lui seul permet de trancher sur l'éligibilité d'un partenaire potentiel et sur la possibilité d'une relation physique. De nouveau, la proximité sociale favorise la poursuite des contacts.

Une « démocratisation ségrégative »

Même ainsi, l'autosélection sociale n'est pas tout. À l'homogamie des pratiques – fondée sur une affinité des manières de faire et de parler – s'ajoutent enfin les comportements d'évitement explicites : les classes supérieures tendent à fuir les services devenus socialement mixtes. Cette tendance est visible d'abord pour les sites de rencontres qui connaissent une forte segmentation à la fin des années 2000 et voient apparaître de nouveaux sites « de niche » visant les classes supérieures. Ce ciblage est pour partie explicite : des sites comme MeeticVIP ou EliteRencontre, par exemple, s'adressent à des personnes éduquées et occupant des métiers prestigieux et bien payés. D'autres sites sont davantage implicites, proposant des rencontres par « affinités » à des célibataires présentés comme « exigeants », auxquels ils garantissent des rencontres « de qualité ». L'euphémisme cache mal sa cible, qui se donne à voir dans les nombreuses questions relatives à la situation professionnelle et au niveau d'éducation, mais aussi dans les frais d'inscription, considérablement plus élevés que sur les sites dits « grand public ». Certains services, dont AttractiveWorld est un exemple, fonctionnent même par cooptation : ce sont les utilisateurs déjà inscrits qui élisent les nouveaux membres. Pratique caractéristique des classes dominantes, la cooptation est *en soi* une manière de s'adresser à une certaine partie de la population et en faire rêver une autre.

L'apparition de ces sites « distinctifs » est corollaire de la diffusion des rencontres en ligne auprès des classes moyennes et populaires. Lorsque l'accès à Internet était un privilège réservé aux *happy few*, les sites de rencontres (comme Meetic) accueillaient surtout des usagers éduqués du supérieur, occupant des métiers de cadres ou des professions intermédiaires ou intellectuelles supérieures. La diffusion d'Internet a entraîné la diffusion des sites et, rapidement, l'usage s'est popularisé. Ce succès croissant des sites de rencontres va provoquer une migration de certains usagers. Les pionniers, socialement favorisés, vont pour partie abandonner les services généralistes pour s'inscrire sur des sites distinctifs qui leur sont alors aménagés. La démocratisation des rencontres en ligne traduit donc une « démocratisation ségrégative[37] ».

Cette expression forgée par Pierre Merle désigne à l'origine l'évolution du système éducatif en France à la fin du

---

37. Pierre Merle, *La Démocratisation de l'enseignement*, Paris, La Découverte, 2002.

xxᵉ siècle. Elle décrit la tendance parallèle d'une augmentation du nombre de jeunes qui accèdent au bac, d'une part,
et l'orientation accrue des étudiants vers des filières différentes ainsi qu'un « embourgeoisement » des grandes écoles,
d'autre part. L'ouverture de l'enseignement supérieur a donc
eu pour pendant la différenciation des parcours scolaires
des élèves selon l'origine sociale[38]. Un phénomène similaire
caractérise les rencontres en ligne. Au fur et à mesure que
les usagers ont été plus nombreux et plus divers, ils ont été
de plus en plus guidés vers des espaces différents. D'une
manière semblable aux jeunes issus de bonnes familles
qui abandonnent l'université pour les grandes écoles, une
partie des usagers issus des classes supérieures vont déserter
les sites « grand public » pour des espaces plus « fermés ».
Les applications, loin de faire exception à cette évolution, suivent une même tendance. Dès lors qu'un service
atteint une certaine notoriété, les utilisateurs socialement
favorisés les abandonnent au profit de nouveaux espaces,
plus « sélectifs » :

> — **Tu utilises quoi comme applications ?**
> — J'aime bien Happn en ce moment, et Bumble c'est
> bien aussi. En fait, c'est un peu des tendances. Moi, ce
> que je fais personnellement, c'est que je change quand
> une tendance n'est plus une tendance. Parce que plus
> tu attends longtemps, plus une application est connue
> depuis longtemps, et plus il y a des faux profils, des gens
> « chelous » j'ai l'impression. Il y a quand même moins
> de qualité à chaque fois. Donc, dès qu'il y a un truc qui
> est mieux, je change. La première fois, j'avais pris Tinder
> parce que je croyais que c'était bien, mais c'était de la
> grosse merde vraiment.
> — **Tu veux dire quoi par là ?**
> — C'était un truc connu et dans les trucs connus il y a
> des faux profils, des gens bizarres. C'est moins sélectif en
> fait [Alix, 21 ans, étudiante. Parents : femme au foyer et
> profession libérale].

---

38. *Ibid.*

Lorsque Tinder apparaît en 2012, le taux d'équipement en téléphonie mobile était socialement discriminant : cette année-là, 70 % des cadres avaient déjà utilisé Internet mobile contre seulement 42 % des ouvriers[39]. Petit à petit, les smartphones vont toutefois se diffuser, et parallèlement les applications se spécialisent, s'adressant notamment aux jeunes cadres et aux enfants des classes supérieures. Alors que Tinder se veut économe et présente tout le monde par une simple photographie, les nouvelles applications font souvent apparaître la profession et l'établissement d'études (Bumble), posent de nombreuses questions sur les loisirs et l'éducation, promettent des rencontres « de qualité » et proposent même des rencontres « bien appareillées », en introduisant seulement les personnes censées se correspondre physiquement et socialement (Onze).

Ainsi le mouvement de migration recommence et il sera certainement sans fin. Car, dans le domaine des pratiques numériques comme dans d'autres, les classes supérieures ne tardent pas à rétablir « une distinction qui toujours s'efface[40] ». En tant que pionniers dans l'appropriation des nouvelles technologies, elles gardent un pas d'avance, délaissant les outils pris d'assaut pour en adopter de nouveaux[41]. Il en est ainsi des sites de réseaux sociaux qui, de MySpace à Facebook en passant par Twitter et Instagram, sont d'abord investis par les classes supérieures avant de perdre leur force d'attraction chez ces dernières avec l'élargissement de leur public[42]. C'est également le cas des services de rencontres

---

39. Vincent Gombault, « L'Internet de plus en plus prisé, l'internaute de plus en plus mobile », *Insee première*, n° 1452, 2013.

40. Edmond Goblot, *La barrière et le niveau. Étude sociologique sur la bourgeoisie française moderne*, Paris, Presses universitaires de France, 2010, p. 77 [1924].

41. Mercklé et Octobre, « La stratification sociale des pratiques numériques des adolescents », *loc. cit.*

42. danah boyd, « Taken out of context. American teen sociality in networked publics », University of California, Berkeley, 2008 ; danah boyd, « White Flight in Networked Publics ? How Race and Class Shaped American Teen Engagement with Myspace and Facebook », *in* Lisa Nakamura et Peter A. Chow-White (dir.), *Race After the Internet*, Londres, Routledge, 2011.

qui, plutôt que d'abolir les frontières, inventent leur propre ségrégation sociale.

* * *

Les applications et sites de rencontres rappellent si besoin que la consommation de produits dits « de masse » n'est pas une consommation uniforme. Aujourd'hui plus que par le passé, nous achetons les mêmes biens, partageons un ensemble de références musicales et cinématographiques et avons les mêmes pratiques numériques. Cette « massification » de la culture et des loisirs ne résulte pas pour autant en la disparition de différences sociales ou de pratiques distinctives. Comme le montre le sociologue Philippe Coulangeon, on assiste plutôt à une recomposition des « composantes culturelles des rapports de classe[43] ». Aux produits différenciés se substitue une stratification sociale des usages d'un même objet[44]. Les pratiques numériques incitent − autant que d'autres pratiques sociales − à être attentif à ce déplacement des démarcations sociales qui, plus subtiles mais non moins efficaces, se situent désormais dans les *modes d'appropriation* plus que dans la *nature* des biens et des services consommés.

Ces transformations touchent aussi la formation des couples. L'expansion scolaire s'est traduite par un affaiblissement de l'homogamie telle que mesurée par les diplômes et les métiers des partenaires ou de leurs parents[45]. Or, dans ce domaine comme dans d'autres, l'apparente mixité cache parfois de nouvelles formes de distinction, et ce d'autant

---

43. Philippe Coulangeon, « Culture et rapports de classe. Le savant, le populaire et l'éclectique », *in* Fabien Granjon (dir.), *Matérialismes, culture et communication*, tome 1. *Marxismes, Théorie et sociologie critiques*, Paris, Presse des Mines, 2016, p. 395.

44. Philippe Coulangeon, *Les Métamorphoses de la distinction. Inégalités culturelles dans la France d'aujourd'hui*, Paris, Grasset, 2011 ; Gérard Mauger, « Distinction et légitimité culturelle », *in ibid.*

45. Bouchet-Valat, « Les évolutions de l'homogamie de diplôme, de classe et d'origine sociales en France (1969-2011) », *loc. cit.*

plus que le couple a lui aussi changé. De nombreux auteurs ont souligné cette transformation des liens conjugaux par l'affaiblissement des enjeux institutionnels ou statutaires au profit d'une conception plus *relationnelle* du couple, envisagé de prime abord comme un lieu de soutien mutuel, de partage et de construction de soi[46]. Cette évolution ne diminue pas forcément l'homogamie mais en change le contenu. Le couple « relationnel », porté par un idéal de proximité, repose plus que jamais sur l'échange et la compréhension entre conjoints. Il renforce à ce titre les dimensions culturelles de l'appariement conjugal. Si la désindustrialisation, la tertiarisation, les difficultés d'insertion et la diffusion des diplômes (voire leur « inflation ») brouillent les cartes de l'endogamie éducative et professionnelle (telle qu'on la capte dans les enquêtes), la conception moderne de l'amour ne finit pas moins de marier les personnes « bien assorties ». Le *feeling*, l'humour et la demande de reconnaissance dans et par le partenaire sont des facteurs culturels qui participent plus subtilement, mais non moins efficacement, à la sélection sociale. De même que les transformations de la culture sont plus complexes et moins égalitaires que ne veut le dire la thèse de la « moyennisation » de la société, l'apparente baisse de l'homogamie cache aussi de nouvelles expressions d'affinités sociales. Ni en culture ou en loisir, ni en sexualité ou en amour, nous ne sommes devenus des omnivores.

Les sites et les applications de rencontres l'attestent de façon singulière. Le rapport à l'écrit, les usages de la photographie, les pratiques langagières, les sujets de conversation et les codes de la séduction sont autant d'exemples où les attentes et les pratiques divergent entre groupes sociaux. Tandis que l'accord des actes favorise l'affinité des cœurs, le décalage des manières de faire crée au mieux la surprise, au pire l'agacement ou le mépris. Précisément parce que ces services accueillent un public large, et parce qu'ils ont la

---

46. François de Singly, *Le Soi, le Couple et la Famille*, Paris, Nathan, 1996 ; Jean-Hugues Déchaux, *Sociologie de la famille*, Paris, La Découverte, 2009.

particularité de présenter chacun comme un partenaire potentiel, ils mettent en lumière toutes les frontières – symboliques, culturelles et matérielles – qui distinguent toujours
en classes sociales. Très loin d'une prétendue disparition de
l'autosélection à l'œuvre dans les rencontres amoureuses et
sexuelles, les sites et les applications révèlent toute la force et
le *modus operandi* de l'homogamie dans la France contemporaine.

4

L'âge des célibataires

> Au centre de la piste, brillamment éclairée, une dizaine de couples dansent sur des airs à la mode. Ce sont surtout des « étudiants » [...] Debout, au bord de la piste, formant une masse sombre, un groupe d'hommes plus âgés, qui regardent, sans parler : tous autour de la trentaine, ils portent le béret et un costume sombre, de coupe démodée. Comme happés par la tentation d'entrer dans la danse, ils avancent, resserrant l'espace laissé aux danseurs. Ils sont là, tous les célibataires.
>
> Pierre Bourdieu, *Le Bal des célibataires*[1].

En France comme dans d'autres pays occidentaux, le nombre de célibataires n'a cessé d'augmenter[2]. Depuis les années 1960, la part de personnes « hors couple » s'est progressivement accrue pour atteindre environ une personne sur cinq entre 26 et 65 ans en 2013[3]. Les hypothèses sont nombreuses quant aux raisons de ce nouveau phénomène de société. Tantôt le célibat est présenté comme un nouveau « mode de vie »

---

1. Pierre Bourdieu, *Le Bal des célibataires. Crise de la société paysanne en Béarn*, Paris, Seuil, 2002, p. 7.
2. Nous utilisons dans ce chapitre « célibataire » au sens large pour désigner les personnes qui ne sont pas en couple. Cela inclut aussi bien des personnes qui n'ont jamais été mariées (« célibataires » au sens de l'état civil) que les personnes séparées, divorcées et veuves.
3. Bergström, Courtel et Vivier, « La vie hors couple, une vie hors norme ? », *loc. cit.*

devenu à la mode : incarnation d'un nouvel individualisme des mœurs, il traduirait un désir de réalisation de soi et un certain rejet de la conjugalité comme cadre de vie[4]. Tantôt on veut y voir une véritable « crise » de la rencontre dans une société qui – pourtant de plus en plus « connectée » – aurait du mal à « faire rencontrer »[5].

Cette double image reflète mal la réalité des faits. Comme le note Isabelle Clair au sujet des jeunes qu'elle étudie, la recherche de « l'"épanouissement individuel" ne se traduit pas par une valorisation massive du célibat : une vie de couple "réussie" reste un idéal de vie » aujourd'hui[6]. De même, une large majorité de femmes et d'hommes font l'expérience du couple au moins une fois dans leur vie. Le couple n'est donc ni rejeté ni véritablement affaibli. En revanche, les parcours conjugaux sont devenus plus discontinus. L'augmentation du célibat s'explique à la fois par le report de la mise en couple, qui prolonge la vie célibataire chez les jeunes, et l'augmentation des séparations qui fait du célibat une expérience renouvelée au cours de la vie.

Pour rendre compte de cette nouvelle réalité sociale, une catégorie s'est progressivement imposée dans le débat public. Les *célibataires* sont désormais considérés comme une population spécifique, étudiée en tant que telle. Cibles de marketing, ils sont aussi un sujet de prédilection de la presse qui leur consacrent de nombreux reportages. Derrière ce terme se cache cependant une diversité d'expériences. Entre les jeunes et les personnes plus âgées, les femmes et les hommes, les précaires et les privilégiés, les situations contrastent aussi bien quant aux conditions de vie qu'aux aspirations d'avenir. De même, les désirs et les enjeux de la (re)mise en couple ne sont pas les mêmes selon qu'on se présente à une première

---

4. Jean-Claude Bologne, *Histoire du célibat et des célibataires*, Paris, Fayard, 2004 ; Eric Klinenberg, *Going Solo. The Extraordinary Rise and Surprising Appeal of Living Alone*, New York, The Penguin Press, 2012.

5. Lardellier, *Le Cœur NET, op. cit.*

6. Clair, « La découverte de l'ennui conjugal », *loc. cit.*, p. 61-62.

ou une deuxième union. Les histoires vécues au préalable, l'expérience de la rupture et *a fortiori* de la monoparentalité modifient les attentes vis-à-vis du couple, mais souvent dans des sens différents pour les femmes et les hommes. La notion « célibataires » ne permet pas de décrire cette diversité. À bien des égards, elle fonctionne même comme un terme écran qui cache les inégalités et les situations contrastées de la vie « hors couple ».

Mieux que n'importe quelle autre pratique, les rencontres en ligne révèlent ces inégalités face au célibat. Par la population des usagers, tout d'abord, qui montre que les femmes et les hommes selon leur âge, leur passé marital et leur milieu social n'ont pas les mêmes chances de vivre « hors couple ». Par l'expérience des utilisateurs, ensuite, qui pour certains peinent à établir des contacts en ligne et se trouvent donc délaissés dans les échanges amoureux et sexuels. Car s'il y a différentes manières d'investir les services de rencontres et d'en user – comme le montrent les deux chapitres précédents –, il y a aussi différentes façons d'en sortir. Les sites et les applications de rencontres ne sont pas des lieux de rencontres pour tout le monde.

Prenant pour objet ces inégalités, le chapitre articule trois rapports sociaux qui sont le genre, la classe et l'âge. En soulignant les différences sociales qui caractérisent la vie « hors couple », il insiste tout particulièrement sur l'existence d'*âges sexués* : femmes et hommes d'un même âge ne sont pas jugés de la même manière et n'ont pas les mêmes opportunités de rencontres. Cette « valence différentielle de l'âge » en fonction du genre n'est jamais aussi tangible que sur les services de rencontres.

Tenter sa chance sur Internet

Une première façon d'interroger les inégalités qui traversent le célibat consiste à regarder les comportements adoptés par les usagers sur les sites et les applications. Qui sont les personnes qui tentent leurs chances sur Internet, avec qui cherchent-elles à entrer en contact et quels sont leurs taux de réussite ? Pour répondre à ces questions, les données issues des services s'avèrent utiles, permettant d'étudier la manière dont les utilisateurs se présentent et avec qui ils échangent. Dans ce chapitre, on présente des résultats d'une analyse du site Meetic. Articulées aux enquêtes nationales et aux entretiens réalisés, ces « données numériques » viennent compléter le portrait des célibataires qui recourent à ces services voués à la rencontre.

Le sex-ratio des utilisateurs

On dit souvent que les femmes sont moins nombreuses sur les sites et les applications en ligne car moins intéressées par ce genre de rencontres que ne le sont les hommes. Cet avis est surtout partagé par ces derniers. Par les hommes concepteurs tout d'abord, qui considèrent les femmes comme un public « difficile » qu'il faudrait à tout prix convaincre de s'inscrire. Par les utilisateurs masculins aussi, qui proclament souvent et non sans amertume que, sur les sites et les applications, il y a « 10 mecs pour 1 fille ». Qu'en est-il ?

Le sex-ratio des usagers, c'est-à-dire la proportion d'utilisatrices par rapport aux utilisateurs, est en réalité moins déséquilibré que ne le voudrait le préjugé masculin. Il est vrai que les hommes sont plus nombreux que les femmes à déclarer avoir utilisé un service de rencontres : parmi les personnes âgées de 26 à 65 ans, 16 % des hommes disaient en 2013 s'être déjà inscrits sur un tel site contre 12 % des femmes[7]. Cette prédominance masculine, qui fait que les utilisateurs sont effectivement plus nombreux que les utilisatrices sur beaucoup de services, s'explique par la surreprésentation de *jeunes hommes*. En effet, la majorité des usagers ont moins de 35 ans : c'est vrai sur de nombreux sites et plus encore sur les applications mobiles. Or, à

---

7. Enquête « Épic », Ined-Insee, 2013-2014.

ces âges les hommes sont plus souvent célibataires que les femmes. Parce qu'ils se mettent en couple à des âges plus tardifs, ils restent seuls plus longtemps et sont aussi plus nombreux à fréquenter des services de rencontres. La surreprésentation masculine parmi les utilisateurs tient d'abord à cette surreprésentation des hommes parmi les jeunes célibataires.

Avec l'avancée en âge, les tendances s'inversent. Après 36 ans, les femmes sont plus souvent célibataires que les hommes. Elles sont alors plus nombreuses aussi à fréquenter des services de rencontres : sur Meetic comme sur d'autres sites, les utilisatrices deviennent progressivement majoritaires lorsque l'on monte dans les âges. Les hommes ne sont donc pas toujours en surnombre sur Internet. Le sex-ratio des utilisateurs varie selon l'âge et reflète en partie le sex-ratio des célibataires dans leur ensemble. Les services sont ainsi traversés par des tendances démographiques connues par ailleurs. Loin d'être un « marché matrimonial parallèle » comme on pouvait le dire des anciennes annonces et agences matrimoniales, où se retrouvaient des individus « exclus du marché matrimonial normal »[8], les sites et les applications reflètent à grands traits les tendances du célibat en général.

Certes, les femmes sont donc moins nombreuses sur les services de rencontres, mais non pas parce qu'elles seraient moins intéressées par cette nouvelle pratique. Lorsque l'on regarde l'usage des sites, non plus dans la population générale (confondant individus *en* couple et *hors* couple) mais plutôt parmi les personnes célibataires, le taux d'usage diffère en réalité peu entre les deux sexes (illustration 9). Hommes et femmes sans partenaire fréquentent ces services spécialisés au même titre : les différences sont faibles et ne sont pas statistiquement significatives. Si les femmes cherchent moins à faire des rencontres en ligne, c'est donc en premier lieu qu'elles sont déjà en couple.

---

8. Singly, « Les manœuvres de séduction », *loc. cit.*, p. 252.

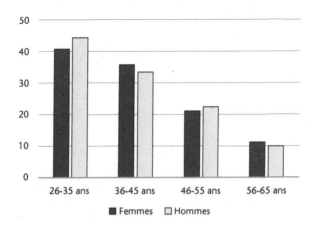

Illustration 9. **Proportion de femmes et d'hommes célibataires qui se sont déjà inscrits sur un site de rencontres par groupe d'âge (%)** Champ : personnes âgées de 26 à 65 ans en France métropolitaine qui n'étaient pas en couple au moment de l'enquête. Source : enquête « Épic », Ined-Insee, 2013-2014.

Petits mensonges sur l'âge

Ce n'est pas seulement le sex-ratio des sites et des applications qui fait débat. L'âge des usagers apparaît aussi comme un enjeu central, cette fois-ci pour les femmes et les hommes inclus. Le site Meetic en fournit un exemple par la manière dont les usagers indiquent leur âge. Demandée lors de l'inscription, la date de naissance est une information obligatoire sur ce site afin de pouvoir valider son profil et accéder à la plateforme. Les réponses à cette question permettent de construire la pyramide des âges sur Meetic, soit une représentation, pour une année donnée, de la distribution des usagers inscrits et actifs en fonction de l'âge (illustration 10). Elles montrent qu'une majorité des utilisateurs actifs de ce service ont entre 25 et 50 ans, et que la répartition entre les sexes est effectivement assez équilibrée. La pyramide révèle aussi que, sur Internet,

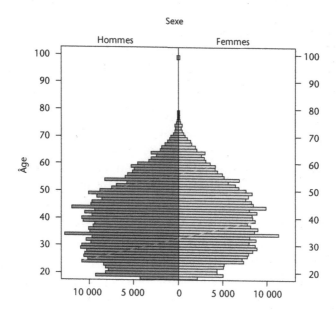

Illustration 10. **Pyramide des âges déclarés sur le site Meetic en 2014**

Champ : comptes d'utilisateurs « actifs » enregistrés sur le site Meetic en 2014. Par utilisateur « actif » nous entendons un utilisateur qui s'est reconnecté au site au moins un jour après la date de création du compte. Source : base d'utilisateurs de Meetic.fr, Meetic Group, 2014.

on ne dit pas toujours la vérité. La remarque ne surprendra personne, mais, dans le cas des sites, les informations indiquées sont en réalité moins tronquées qu'on ne le dit souvent. De fait, il semble que sur Meetic on arrondisse. Lorsqu'ils renseignent leur date de naissance, les utilisateurs témoignent d'une préférence pour les années « cinquièmes », comme 1980, 1985, 1990. Cela donne à la pyramide une forme épineuse avec des pics aux chiffres ronds. Les personnes au milieu de leur trentaine ou de leur quarantaine paraissent particulièrement sensibles à la question de leur âge, cherchant plus que les autres à se ranger dans ces chiffres « ronds », probablement inférieurs. Contrairement à une idée reçue, les femmes ne sont pas plus susceptibles que les hommes à ce sujet : cette façon de maquiller son âge s'observe chez les deux sexes.

Ces pratiques montrent que le fait de traduire son âge en chiffres est un exercice paradoxalement épineux. Dans des contextes de rencontres hors ligne, l'âge civil d'une personne est rarement connu d'emblée mais fait l'objet de jugements approximatifs, basés sur le physique. De même, les individus apparaissent et se sentent parfois plus jeunes ou plus matures que leur carte d'identité ne le laisse paraître, et résistent à l'idée de réduire leur âge à sa dimension chronologique. À l'époque des annonces matrimoniales, cela conduisait souvent les individus à rectifier l'âge civil en ajoutant une appréciation qualitative, telle que « 49 faisant 40 », « 43 ans, physique et caractère jeunes », « 69 ans paraissant moins »[9]. Ce genre d'amendements n'est pas possible sur les sites et les applications qui requièrent impérativement une date précise. En modifiant cette dernière, les usagers « mentent » quant à l'âge civil pour mettre en avant leur âge « physique » ou « social » qui leur paraît plus favorable. Ces tactiques de « correction » des dates de naissance soulignent que l'âge ne se réduit pas à une simple donnée biologique – enregistrée et actée par l'État – mais traduit aussi une expérience subjective : parfois on « se sent » ou on « fait » plus jeune ou plus âgé qu'on ne l'est sur le papier.

Surtout, ces usages détournés montrent le rôle central que joue l'âge dans les rencontres amoureuses et sexuelles. Car modifier sa date de naissance, c'est anticiper les préférences d'âge des partenaires potentiels. Dans un cadre hétérosexuel, cela veut dire s'adapter aux attentes du sexe opposé. En effet, sur les sites comme sur les applications, les utilisa-

---

9. Jean-Baptiste Fages, *Miroirs de la société, II. Les Petites Annonces*, Paris, Mame, 1972, p. 92.

teurs sont invités à indiquer une tranche d'âge pour les partenaires qu'ils souhaitent rencontrer. Conscients de ce filtre, certains vont modifier leur âge afin de correspondre aux critères qu'ils anticipent être ceux des personnes qu'ils aimeraient rencontrer. Ces stratégies ont été mises au jour très tôt par une équipe de chercheuses aux États-Unis. Elles montrent que l'âge indiqué dans le profil a principalement pour objectif d'attirer l'attention : il s'agit de tromper les filtres et les algorithmes pour ressortir parmi les candidats éligibles. Par conséquent, il n'est pas rare de révéler son « vrai âge » à l'interlocuteur aussitôt le contact établi et l'échange entamé[10]. Sur Internet, l'âge a d'abord une fonction d'affichage.

Si, dans un contexte de rencontre, chacun cherche à plaire, et si les astuces pour se présenter sous un meilleur jour sont généralement admises hors ligne (s'habiller ou se maquiller pour paraître plus jeune par exemple), le passage par les mots et les chiffres sur Internet rend ces pratiques peu acceptables (changer sa date de naissance dans le même objectif). L'objectivation transformerait l'astuce en mensonge. Comme nous l'avons souligné dans le chapitre précédent, les améliorations du profil sont plus ou moins courantes selon les utilisateurs. De même, elles sont souvent de faible ampleur. Plusieurs recherches menées sur la véracité des profils indiquent en effet que les retouches sont fréquentes – interrogés à ce sujet, environ un quart des utilisateurs déclarent avoir modifié leur profil sur quelque chose[11] – mais

---

10. Nicole B. Ellison, Rebecca Heino et Jennifer Gibbs, « Managing Impressions Online. Self-Presentation Processes in the Online Dating Environment », *Journal of Computer-Mediated Communication* 11, n° 2, 2006, p. 427-28.

11. Robert J. Brym et Rhonda L. Lenton, « Love Online. A Report on Digital Dating in Canada », Toronto, MSN. CA, 2001 ; Doreen Zillmann, Andreas Schmitz et Hans-Peter Blossfeld, « Lügner haben kurze Beine. Zum Zusammenhang unwahrer Selbstdarstellung und partnerschaftlicher Chancen im Online-Dating », *Zeitschrift für Familienforschung* 23, n° 3, 2011.

que leur nombre et leur amplitude sont faibles[12]. Outre la photographie, ce sont l'âge, la taille et le poids qui sont le plus souvent objet de révisions[13]. Ces trois caractéristiques ont la particularité d'être des valeurs d'échelle qui non seulement sont vouées à évoluer, mais dont les variations sont parfois peu visibles et dont la correction paraît par conséquent peu grave. C'est ainsi que les utilisateurs de Meetic – mise à part le fait que certains modifient leur âge – sont aussi curieusement plus grands et plus sveltes que la population dans son ensemble. Or les écarts à la moyenne nationale sont faibles : environ 2 cm en plus pour les deux sexes, de même que 2 kg en moins pour les hommes et 5 kg en moins pour les femmes. Les chiffres « ronds » ont de fait un effet centrifuge sur les nombres limitrophes sans trop distordre la moyenne. Autrement dit, les ajustages restent mesurés : les valeurs renseignées sur Internet sont rarement très exagérées par rapport à celles qu'indiquent la balance ou la carte d'identité.

Parce que les ruses sont une manière d'essayer de correspondre aux préférences des autres, elles sont plus courantes lorsque les utilisateurs anticipent chez eux une imperfection. Des chercheurs allemands ont ainsi mis en évidence que le fait d'avoir une caractéristique considérée peu valorisante (être en surpoids ou être un homme de petite taille par exemple) augmente la probabilité de modifier ces mêmes caractéristiques, ou d'améliorer d'autres attributs en compensation[14]. Si « mensonge » il y a, il n'est donc pas généralisé et ne se fait pas au hasard. C'est surtout l'arme des faibles. Tandis que les utilisateurs dotés en ressources peuvent se permettre d'être

---

12. Andreas Schmitz, Susann Sachse-Thürer, Doreen Zillman et Hans-Peter Blossfeld, « Myths and facts about online mate choice. Contemporary beliefs and empirical findings », *Journal of Family Research* 23, n° 3, 2011.

13. Catalina L. Toma, Jeffrey T. Hancock et Nicole B. Ellison, « Separating Fact From Fiction. An Examination of Deceptive Self-Presentation in Online Dating Profiles », *Personality and Social Psychology Bulletin* 34, n° 8, 2008 ; Zillmann, Schmitz et Blossfeld, « Lügner haben kurze Beine », *loc. cit.*

14. Zillmann, Schmitz et Blossfeld, « Lügner haben kurze Beine », *loc. cit.*

« honnêtes », ceux qui se reconnaissent un défaut sont plus susceptibles d'embellir leur présentation de soi. C'est aussi cela que révèle le trucage des profils : tout le monde n'est pas égal face à la rencontre. Les possibilités d'établir des contacts et les opportunités de réaliser des rencontres diffèrent entre les groupes et tout d'abord selon l'âge. Celui-ci fonctionne à la fois comme un seuil et comme un plafond : il y a des âges où l'on est trop jeune, trop vieux, indésirable, pas encore acceptable, disqualifié ou ignoré.

L'inégalité des chances de rencontre

Spécifiquement consacrés à la rencontre, les sites et les applications n'y mènent pas toujours. C'est vrai d'abord pour les jeunes hommes qui sont largement négligés par leurs pairs féminins. Plutôt qu'une situation de détresse, c'est une condition de jeunesse : la plupart des hommes vivront des expériences sexuelles, amoureuses et conjugales à mesure que l'âge avance. Une partie d'entre eux se trouvent cependant durablement exclus de la conjugalité. Ce célibat prolongé, voire définitif, est un destin peu fréquent et touche d'abord les hommes au sein des classes populaires.

Les jeunes hommes disqualifiés

Parmi les usagers des services de rencontres, les jeunes hommes sont particulièrement défavorisés et nombre d'entre eux se trouvent de fait exclus des interactions qui s'y déroulent. Cette tendance est très nette sur le site Meetic. Lorsqu'ils ont moins de 25 ans, les utilisateurs peinent à établir des contacts : seulement 12 % des messages qu'ils envoient reçoivent une réponse (contre 30 % des hommes de 50-59 ans par exemple). De même, ils sont très peu sollicités par les autres, recevant bien moins de messages que les autres hommes (et beaucoup moins que les femmes de leur âge). Cette absence d'interaction leur est propre. La grande majorité des femmes sur Meetic (quel que soit leur âge) ont déjà eu des échanges en ligne et c'est également le cas des hommes âgés de 30 ans et plus. Parce que leurs tentatives de contact trouvent peu ou pas de réponses, les jeunes utilisateurs sont donc nombreux à laisser de côté les sites et les applications, sans avoir pu en faire véritablement usage. Bertrand [22 ans] raconte cette difficulté à interagir avec les filles et, comme il cherche à rencontrer également des garçons, il a l'occasion de constater que les jeunes utilisatrices sont bien moins réactives à ses initiatives que les utilisateurs de même âge.

> Quand c'est des filles, je mets tout de suite à droite [sollicitation] [...] parce qu'après tu fais le tri dans les matchs, comme je n'en ai pas beaucoup. Je pense que tous les mecs font comme ça non ? Moi, quand c'est des filles, je mets à droite et après je fais le tri, parce que, de toute façon, la chance que j'aie un match avec une meuf est assez faible. J'ai plein de potes qui galèrent. J'ai un pote qui doit être depuis 2 ans sur Tinder et qui a dû avoir 10 matchs avec des meufs. [...] Je n'ai que des matchs avec des mecs. Alors que [si] je vais mettre que des meufs, je ne vais avoir aucun match [Bertrand, 22 ans, étudiant. Parents : chef d'entreprise et ouvrier].

Le faible taux de réponse féminin conduit les jeunes hommes hétérosexuels à solliciter de très nombreuses femmes, sans grande restriction et sans trop s'attarder sur les profils au préalable, dans l'espoir d'ainsi favoriser les contacts. Tactique rapportée par de nombreux utilisateurs, elle n'est pas vraiment couronnée de succès. C'est dans cette absence de réactivité des femmes que prend racine l'idée tenace d'un fort déséquilibre entre les sexes sur Internet. Si les jeunes hommes sont convaincus d'être en surnombre, ce n'est pas que l'on compte réellement « dix mecs pour une fille », mais plutôt que, sur dix messages envoyés, un seul reçoit en moyenne une réponse. C'est la différence des comportements de contact qui donne cette impression d'un déséquilibre démographique. Elle est ici rapportée par Nadir qui, à sa déception – et à l'instar de nombreux jeunes hommes –, n'a jamais réalisé de rencontres hors ligne :

— J'ai l'impression qu'il y a tellement plus de mecs que
de meufs sur Tinder et sur Badoo qu'elles font le tri assez
rapidement. Et moi, vu que je ne suis pas bon à l'écrit,
je ne me ferai pas remarquer en tout cas en parlant par
message [...].
— **Il y en a que tu as rencontré en vrai ?**
— Alors non, pas beaucoup. Pas du tout en fait. Laisse-moi
réfléchir vraiment... Non [Nadir, 18 ans, lycéen redou-
blant. Mère : ouvrière. Père : inconnu].

Cette difficulté des jeunes hommes hétérosexuels à attirer
l'attention, à établir des contacts et à réaliser des rencontres
hors ligne s'explique par le désintérêt qu'ils inspirent aux
utilisatrices. En effet, si les hommes peinent à trouver des
interlocutrices à cet âge, c'est que les femmes qu'ils sollicitent se tournent, elles, vers d'autres hommes, plus âgés.
Cette tendance est saillante sur l'ensemble des services de
rencontres et dépasse le seul cadre numérique. En début
de parcours affectif, les femmes expriment une préférence
nette pour des partenaires plus âgés, et lorsqu'elles entrent
en couple, c'est avec un homme d'en moyenne deux ans leur
aîné[15]. Les revers des jeunes hommes tiennent donc aux rejets
des jeunes femmes.

Dans ses recherches sur la formation des couples dans les
années 1980, Michel Bozon montrait déjà ce « rejet sans
équivoque des pairs » qu'il identifiait plus précisément comme
un « goût pour les hommes plus mûrs »[16]. Au moment des
premières unions, les femmes délaissent les « relations de
camaraderie » pour s'intéresser plutôt aux hommes installés
socialement qui font preuve d'une certaine autonomie économique et résidentielle[17]. La *maturité* renvoie donc moins à

---

15. Enquête « Épic », Ined-Insee, 2013-2014.
16. Michel Bozon, « Les femmes et l'écart d'âge entre conjoints. Une
domination consentie I. Types d'union et attentes en matière d'écart d'âge »,
Population 45, n° 2, 1990, p. 353.
17. Michel Bozon, « Les femmes et l'écart d'âge entre conjoints. Une
domination consentie II. Modes d'entrée dans la vie adulte et représentations
du conjoint », *Population* 45, n° 3, 1990, p. 355.

l'âge chronologique du partenaire qu'à son « âge social » : sont considérés « mûrs » les hommes qui – contrairement aux pairs – rassurent par leur expérience et leur situation stable qui procurent un sentiment de sécurité, y compris affective[18]. Trente ans plus tard, cette valorisation de l'homme aîné ne semble pas avoir pâli. Elle est au contraire présente dans de très nombreux récits de jeunes utilisatrices et s'exprime toujours par une disqualification des pairs. C'est le cas chez Melissa qui, dans l'extrait présenté ci-après, revient sur son dernier rendez-vous avec un garçon rencontré sur une application. Jugé « trop jeune pour elle », l'homme est présenté comme sans profondeur et sans initiative, ce qui permet à l'utilisatrice de souligner sa préférence pour les hommes plus âgés :

> Ça fait un certain temps que je n'en ai pas rencontré de nouveaux, le dernier il s'appelle Nicolas. Il est assez jeune, trop jeune pour moi [rire]. Vu que j'ai eu l'habitude d'avoir des mecs qui étaient vraiment plus âgés, plus matures, qui avaient vraiment une expérience de vie qui était assez importante, dès que je me retrouve avec un petit jeune comme ça, je m'ennuie. Même au niveau de la conversation, ils n'ont pas grand-chose à m'apprendre. Après, ça dépend mais, en tout cas, le dernier que j'avais vu, Nicolas, je l'ai senti un peu creux, sans profondeur. C'est moi qui menais la conversation. [...] J'attends qu'il prenne les choses en main du début à la fin, qu'il se comporte vraiment comme un mec. Et c'est pour ça que généralement les mecs qui ont mon âge, ou de 21 jusqu'à 24 ans, c'est plus délicat parce qu'ils ont moins l'habitude, ils ont moins d'expérience [Melissa, 21 ans, étudiante. Parents : professions intermédiaires de la fonction publique].

Les attentes qu'exprime cette utilisatrice vis-à-vis de ses partenaires révèlent une profonde asymétrie. Aux hommes, elle demande qu'ils lui apprennent des choses, qu'ils mènent la conversation et prennent les choses en main « du début

---

18. Bozon, « Les femmes et l'écart d'âge entre conjoints. Une domination consentie I », *loc. cit.*

à la fin ». Elle-même étudiante, elle préfère que son partenaire, lui, ait une certaine « expérience de vie ». Ce scénario
relationnel est très loin de la description que l'on fait souvent
du couple moderne, à savoir une relation mue par l'idéal de
la pleine réciprocité[19]. Dans les récits des jeunes femmes,
l'échange hétérosexuel est bien moins symétrique : aux
hommes elles demandent d'endosser le premier rôle et de
s'occuper de leur partenaire.

On peut s'étonner de la force de ce modèle conjugal, qui
place l'homme dans le rôle du protecteur et du garant du
bien-être de la femme. Au cours des dernières décennies, les
femmes ont connu une ascension sociale importante : désormais plus diplômées que les hommes, elles participent pleinement au marché de travail, exercent des métiers qualifiés et
accèdent de plus en plus aux postes de responsabilité. Pourtant,
elles semblent réticentes à transférer cette indépendance acquise
dans le domaine amoureux et sexuel. Comme le souligne Sonia
Dayan-Herzbrun, l'autonomie économique des femmes n'a
pas fait disparaître la « dépendance affective » qu'elles entretiennent envers les hommes. Par cette notion, la sociologue
désigne la « non-symétrie des sentiments amoureux » chez les
deux sexes[20]. La socialisation féminine – redoublée par la culture
populaire, dont le cinéma, les séries et la presse féminine –
conduit les femmes, plus que les hommes, à placer l'expérience
amoureuse au centre de leur vie et à chercher dans l'amour
une validation[21]. Plus que la réciprocité, elles cherchent dans
le partenaire une source de soutien, de sécurité et de reconnaissance. Pour cela, les jeunes femmes se tournent vers des
hommes plus âgés. Ce qui était vrai hier le reste aujourd'hui.
Les jeunes femmes sollicitent – sur les services de rencontres
comme ailleurs – des hommes qui les dominent en âge, et ce

---

19. Anthony Giddens, *La transformation de l'intimité. Sexualité, amour et
érotisme dans les sociétés modernes*, Paris, Le Rouergue/Jacqueline Chambon,
2004.

20. Sonia Dayan-Herzbrun, « Production du sentiment amoureux et travail
des femmes », *Cahiers internationaux de sociologie*, n° 72, 1982, p. 120.

21. *Ibid.*

en raison de l'association étroite qu'elles maintiennent entre la figure du conjoint et celle de l'aîné.

Aussi les jeunes hommes se trouvent-ils mis à l'écart. « Dans l'attente » d'une réponse des filles, comme le dit un jeune utilisateur, ils sont plus généralement « en attente » d'un âge qui les rend attractifs et éligibles en tant que partenaires. Les perspectives s'améliorent en effet avec l'âge : les contacts se font plus nombreux, les rencontres hors ligne plus fréquentes et les relations plus concluantes. L'analyse des interactions sur Meetic l'atteste, tout comme les enquêtes nationales. En 2013, plus de la moitié des utilisateurs masculins âgés de 26 à 30 ans déclaraient avoir connu des rencontres amoureuses et sexuelles via un site (57 %) et la proportion montait jusqu'à trois personnes sur quatre chez les 56- 60 ans (77 %)[22]. Pour les hommes, l'enjeu de l'âge traduit surtout un jeu d'attente.

Pour autant, cette disqualification n'est pas sans froisser les jeunes hommes. C'est d'autant plus le cas que, dans l'ordre du genre, les hommes sont rarement à ce point rabaissés par les femmes et, en même temps, dépendants de leur volonté. Le livre *Alpha mâle* de Mélanie Gourarier fournit un exemple du ressentiment qui peut en naître. Avec une approche anthropologique, l'auteure s'intéresse à la Communauté de la séduction, un réseau masculin dont les activités se déroulent tant en ligne que hors ligne et dont l'objectif consiste à apprendre à séduire en maîtrisant les techniques de drague. Celui-ci fonctionne comme un entre-soi masculin, où l'on s'apprécie entre hommes, et où se conforte l'idéologie d'une supériorité des hommes sur les femmes[23]. À ce titre, comme le montre l'auteure, la confrérie d'« apprentis séducteurs » s'inscrit dans un mouvement masculiniste en plein essor. Elle n'est pas sans rappeler les « célibataires involontaires » aux États-Unis (ou *Incels* pour *involuntary celibates* en anglais), ce mouvement en ligne caractérisé par une misogynie exorbitante dont les propos et les actes violents leur assurent une certaine

---

22. Enquête « Épic », Ined-Insee, 2013-2014.
23. Gourarier, *Alpha mâle, op. cit.*

publicité de temps à autre. Ces hommes cultivent une haine
envers les femmes qu'ils tiennent pour responsables de leurs
échecs amoureux et sexuels. Manifestation de la domination
masculine, leurs propos n'expriment pas moins la relégation
vécue par une partie des hommes. Les réactions violentes
sont la preuve de la situation inédite que cela traduit pour
un homme d'être ainsi relégué par une femme. Si les deux
mouvements relèvent effectivement d'une tendance masculiniste, on peut aussi lire dans la rancœur qu'ils expriment les
défis propres à un certain âge. En effet, ce sont surtout de
jeunes hommes qui s'entraînent à attirer l'attention des femmes
ou qui se défoulent contre elles en ligne. L'élan viriliste est
aussi le signe du ressentiment que fait naître le « râteau »,
le refus auquel se confrontent ces jeunes hommes exclus des
échanges amoureux et sexuels. Une exclusion dont nombre
d'entre eux font l'expérience mais qui, lorsqu'elle s'inscrit
dans la durée, est aussi socialement située.

Le nouveau bal des célibataires

Dans son étude du célibat en Béarn, Pierre Bourdieu décrit
une société en transformation et donne à voir ceux qui sont
laissés pour compte[24]. Les protagonistes de son histoire sociale
sont les paysans fils aînés des familles, et à ce titre héritiers
des terres, qui subissent un déclassement social drastique
au tournant du XXᵉ siècle. Anciens privilégiés de la société
paysanne et traditionnellement les premiers à être mariés, ces
hommes vont progressivement connaître un taux de célibat
important. Les femmes quittent en effet les campagnes et
préfèrent se mettre en couple avec des hommes employés.
L'urbanisation, le développement de la société salariale et
l'instruction féminine rendent les femmes mobiles mais aussi
plus susceptibles de s'adapter au nouveau mode de vie urbain.
Il s'ensuit que « les filles répugnent à épouser un paysan
qui ne peut leur proposer autre chose qu'une vie qu'elles

---

24. Bourdieu, *Le Bal des célibataires*, *op. cit.*

connaissent trop bien[25] ». En décalage avec les valeurs et les pratiques de leur temps, les hommes paysans se trouvent ainsi délaissés. Leur marginalisation se matérialise dans cette scène du bal où, au centre de la piste, dansent les jeunes filles des campagnes avec les jeunes gens du bourg mais, au bord, se massent les paysans qui, ignorés et immariables, regardent les « filles inaccessibles[26] ».

Depuis, les bals ont disparu et les agriculteurs sont devenus peu nombreux. Mais les célibataires de Bourdieu, les hommes exclus, sont toujours là. S'il est désormais rare pour les deux sexes de ne jamais connaître de relation amoureuse importante au cours de la vie, cette situation touche une partie non négligeable des hommes issus de milieux modestes et populaires. Parmi les personnes âgées de 40 ans et plus, seule une petite minorité des hommes appartenant aux professions intermédiaires ou supérieures dit ne jamais avoir connu de relation amoureuse importante (3 %) tandis que l'absence de cette expérience est relativement courante chez les hommes agriculteurs (16 %), ouvriers (9 %) et employés (7 %). Ces derniers sont plus nombreux encore à ne jamais avoir cohabité avec quelqu'un sous un même toit : c'est le cas de 19 % des agriculteurs, 15 % des ouvriers et 12 % des employés âgés de 40 ans ou plus, contre seulement 3 % des chefs d'entreprise de même âge par exemple[27].

Ces mêmes inégalités se retrouvent lorsque l'on compare les hommes selon leur niveau d'éducation : les personnes faiblement diplômées sont celles qui déclarent le moins souvent avoir vécu une relation amoureuse importante et *a fortiori* avoir connu la cohabitation. C'est que – au-delà des différents métiers – ce sont les hommes peu qualifiés qui sont plus généralement disqualifiés. Ces inégalités sociales face au couple n'existent pas au même titre chez les femmes, qui par

---

25. Pierre Bourdieu, « Célibat et condition paysanne », *Études rurales*, n° 5-6, 1962, p. 79.

26. *Ibid.*, p. 98.

27. Enquête « Épic », Ined-Insee, 2013-2014.

ailleurs sont désormais plus diplômées que leurs pairs masculins. En 2017, parmi les personnes âgées de 25 à 34 ans, les femmes étaient plus souvent bachelières (71 % contre 62 % des hommes) et plus souvent diplômées de l'enseignement supérieur (49 % contre 39 %)[28]. Dès lors que le niveau d'éducation a augmenté dans toute la population – et tout particulièrement chez les femmes –, les hommes peu qualifiés se trouvent de plus en plus « en marge ».

Cette marginalisation est visible d'abord sur le marché du travail où les personnes faiblement diplômées se trouvent aujourd'hui fortement pénalisées : c'est le cas pour les deux sexes[29]. Or l'exclusion des hommes peu qualifiés va aussi croissant dans les échanges amoureux. C'est un des résultats forts de l'étude historique réalisée par Milan Bouchet-Valat sur les liens entre diplôme, célibat et vie en couple au fil du temps. Le célibat définitif – c'est-à-dire le fait de ne jamais vivre en couple dans sa vie – est devenu de plus en plus socialement discriminant pour les hommes au cours des décennies. Alors que, dans la génération née dans les années 1920, le risque de vivre célibataire toute sa vie était à la fois faible et semblable pour tous les hommes, indépendamment de leur niveau d'éducation, les contrastes sociaux se sont ensuite accrus progressivement : dans la génération née dans les années 1970, les hommes sans diplôme ou avec le CEP sont ainsi significativement moins nombreux que les autres à avoir vécu en union cohabitante[30].

Ces hommes peu diplômés se distinguent aujourd'hui – par rapport aux femmes autant qu'aux autres hommes – par une certaine exclusion de la formation des couples. En

---

28. Enquête « Emploi », Insee, 2017.

29. Toujours en 2017, près de la moitié des personnes sans diplôme ou avec un CEP ou le brevet (48 %) étaient au chômage après avoir quitté leur formation initiale depuis un ou quatre ans, contre une personne sur dix parmi celles diplômées d'un niveau bac + 2 dans la même situation (9 %). Source : enquête « Emploi », Insee, 2017.

30. Milan Bouchet-Valat, « Plus diplômées, moins célibataires. L'inversion de l'hypergamie féminine au fil des cohortes en France », *Population* 70, n° 4, 2015.

décalage avec une société hautement qualifiée, ils vivent une dévaluation non seulement vis-à-vis des employeurs mais aussi à l'égard des partenaires potentiels. Cette exclusion est visible sur les sites de rencontres, comme le montre de nouveau l'enquête « Épic » : parmi les hommes, les utilisateurs cadres ont presque deux fois plus de chances d'avoir connu une rencontre amoureuse ou sexuelle via ce type de site que les utilisateurs ouvriers[31]. Les services spécialisés n'ont pas d'effet providentiel pour les célibataires qui, défavorisés par ailleurs, se trouvent souvent déçus aussi lors des rencontres en ligne. C'est vrai aussi pour les femmes bien que, pour elles, les inégalités face au célibat se situent ailleurs.

Après une séparation

Avec l'avancée en âge, les possibilités de rencontres se redistribuent entre hommes et femmes. Entre 25 et 40 ans, les deux sexes ont des chances relativement similaires de vivre une rencontre sur Internet mais les choses changent par la suite, cette fois-ci en défaveur des femmes. Tandis que les hommes âgés de 40-60 ans sont plus nombreux que leurs cadets à avoir eu des expériences via les sites de rencontres, les femmes déclarent, passé l'âge de 40 ans, des expériences moins nombreuses comparées aux hommes mais aussi aux femmes plus jeunes[32]. Comment expliquer ce renversement de tendance ? La réponse se trouve dans les *âges sexués* qui font que les aspirations et les opportunités de rencontres se modifient au fil de la vie, mais dans des sens différents pour les femmes et les hommes.

La valence différentielle de l'âge

Lorsque les femmes prennent de l'âge, leur valorisation des hommes mûrs s'affaiblit nettement. Après 30 ans, les pairs

---

31. Enquête « Épic », Ined-Insee, 2013-2014.
32. *Ibid.*

ne sont plus des parias mais plutôt des partenaires appréciés. D'une part, les hommes sont sortis de l'incertitude de
la jeunesse – comme les études ou l'instabilité professionnelle – et n'ont plus besoin de prouver leur maturité. D'autre
part, avec l'âge, et plus précisément avec l'accumulation des
expériences, les femmes font preuve d'une attitude plus
pragmatique vis-à-vis du couple.

C'est particulièrement vrai après une séparation. L'expérience
de la conjugalité et *a fortiori* de la parentalité modifie le
rapport des femmes à la conjugalité comme en témoignent à
la fois leurs attentes vis-à-vis du partenaire et l'avenir qu'elles
dessinent pour elles-mêmes. Tandis qu'un certain idéalisme
anime les aspirations des jeunes, c'est avec réalisme, et parfois
une forme de désenchantement du couple, que les femmes
plus âgées racontent leurs attentes en matière amoureuse et
conjugale. C'est vrai pour Patricia qui, après le divorce d'avec
son mari, s'est inscrite sur Meetic. Lorsque interrogée sur ses
attentes vis-à-vis du futur partenaire, elle en fait un portrait
par la négative, évoquant succinctement ce qu'elle désire pour
s'attarder plus longuement sur ce qu'elle rejette : un homme
avec enfants et un passé conjugal toujours présent. Après
une déception amoureuse, et avec deux enfants à charge, elle
aborde la vie conjugale par ses aspects pratiques plutôt que
ses dimensions affectives. Dans sa forme et son contenu, son
récit est teinté d'un pragmatisme caractéristique des femmes
ayant déjà connu la vie de couple et de famille :

> — **Vous aviez une idée de qui vous vouliez rencontrer
> [sur Meetic] ?**
> — Ce n'est pas que j'avais une idée, c'était que je savais ce
> que je ne voulais pas en tout cas. Moi, je voulais quelqu'un
> avec qui je pouvais partager certaines choses, quelqu'un
> qui m'attire, de classe moyenne, avec une situation [matri-
> moniale] claire. Je n'avais pas envie de me retrouver avec
> quelqu'un, après c'est très égoïste parce que moi j'ai des
> enfants, mais moi je n'ai pas envie de me retrouver un
> week-end sur deux avec cinq gamins. Ça m'est très difficile
> à envisager. Je ne veux pas de conflits non plus. Parce

> que forcément, quand on a 40 ans, on va tomber sur un homme qui est séparé. Donc il a déjà une vie antérieure, il a une ex-femme, il a des enfants, il faut faire avec tout ça [Patricia, 38 ans, infirmière, deux enfants en bas âge].

Ce pragmatisme des femmes après une séparation résulte notamment des nouvelles contraintes imposées par la conciliation entre parentalité et conjugalité. La priorité va souvent d'abord aux enfants et la remise en couple est notamment envisagée à l'aune d'une recomposition familiale. Ces contraintes sont généralement plus fortes chez les femmes que chez les hommes de même âge. Non seulement les femmes commencent plus tôt la vie conjugale et deviennent parents à des âges plus jeunes que les hommes, mais elles sont aussi plus nombreuses à avoir la responsabilité des enfants après une séparation. En France en 2011, 85 % des foyers monoparentaux avaient une femme à leur tête[33]. Cela veut dire que, pour les hommes séparés, la situation est bien différente. Même lorsqu'ils sont parents, ils ont rarement la charge principale des enfants et se sentent par conséquent plus « libres » après une séparation. Contrairement à leurs pairs féminins qui sont – et se sentent – marquées par leur passé conjugal et parental, les hommes ont plutôt l'impression de retrouver leur jeunesse après une rupture. Il en résulte un sentiment de liberté et d'insouciance, présent chez Bruno qui raconte ici les échanges avec sa future conjointe :

> Le premier truc qu'elle m'avait dit quand on s'est rencontrés sur Meetic, c'était que j'habite loin. Ça peut poser problème. Et je lui avais dit « oui effectivement, au début ça peut être un peu compliqué mais après il faut voir, si on s'entend, s'il y a un bon *feeling*... » Je sais que la maison où je suis, c'est ma maison, je l'ai retapée, mais il n'y a rien qui me retient là-bas. [...] Pour l'amour, j'aurais même pu traverser les océans. Même si effectivement j'ai deux enfants qui sont là, qui sont sur Troyes, qui ont

---

33. Marceline Bodier *et al.*, « Couples et familles. Entre permanences et ruptures », *in Couples et familles*, Paris, Insee, 2015.

13 et 15 ans maintenant. Mais ça, pour moi, ça ne sera plus un frein [Bruno, 44 ans, soudeur intérimaire, deux enfants adolescents].

Divorcé, Bruno souhaite « repartir de zéro » et se sent libre pour le faire. Cette table rase de la première union est moins accessible aux femmes de son âge qui en portent plus souvent les conséquences, c'est-à-dire qui ont la principale responsabilité des enfants. Aussi se tourne-t-il vers une femme de 15 ans plus jeune que lui, avec qui il fait rapidement un nouveau projet parental : « Je suis encore jeune, donc pourquoi pas un nouvel enfant. » Le contraste est frappant avec les propos de Patricia ci-dessus et souligne les ambitions différentes que fait naître la séparation chez les deux sexes. S'ils aspirent tout autant à se remettre en couple, les hommes s'apprêtent plus généralement à refaire leur vie.

Célibataires de nouveau et sans enfant à charge, les hommes sont prêts pour un nouveau départ et se tournent alors vers des femmes qui, « jeunes également », sont susceptibles de partager leurs projets d'avenir. Après une séparation, les hommes sollicitent en effet des femmes plus jeunes. Alors qu'ils se montrent relativement indifférents à l'âge de leur partenaire lors de la jeunesse, ils affirment des préférences plus nettes pour des femmes plus jeunes qu'eux lorsqu'ils vieillissent. Cette tendance, que l'on observe par ailleurs, est frappante sur Meetic : après 40 ans, ils contactent quasi exclusivement des femmes plus jeunes. Le résultat, est que les possibilités de rencontres diminuent pour les femmes de leur âge. En effet, de la même manière que la préférence féminine pour des hommes plus « mûrs » conduit à une disqualification des jeunes hommes au moment des premières unions, le désir que manifestent les hommes séparés pour des femmes plus jeunes se solde par une diminution des opportunités de rencontres pour les femmes qui souhaitent se remettre en couple. Cette tendance se renforce avec l'âge, comme en témoigne cette utilisatrice des sites de rencontres qui note la différence entre une première période d'usage (il y a dix ans) et une expérience plus récente :

Clairement, je n'avais plus autant d'opportunités qu'avant. La dernière fois, mon expérience, c'était que je pouvais avoir une, deux ou trois conversations qui se déroulaient simultanément. J'avais plus le sentiment de choisir. Cette fois-ci, j'étais plus sélective mais les hommes étaient aussi plus sélectifs et ils ne me sélectionnaient pas. Les gens qui étaient intéressés par moi n'étaient pas aussi nombreux, quoi. Je ne pense pas que ça avait quelque chose à voir avec moi. Je pense que c'était plutôt une question de ce que les hommes cherchaient [Michèle, 49 ans, écrivaine, sans enfant].

Ayant quitté la fin de la trentaine pour celle de la quarantaine, cette utilisatrice n'a pas autant de contacts sur Internet et les opportunités de rencontres se font plus limitées. Avec l'âge se dessine en effet une marginalisation des femmes dans le jeu de la rencontre, qui se transforme progressivement en exclusion pour les plus âgées. Les utilisatrices de 50 ans et plus sont en effet nombreuses à quitter les sites de rencontres, parfois après plusieurs années de pratique, sans y avoir rencontré de nouveau conjoint comme elles le souhaitaient. De façon analogue aux jeunes hommes, mais à l'autre pôle des âges, les femmes se trouvent ainsi écartées.

Ces expériences contrastées des rencontres en ligne montrent l'existence d'*âges sexués*. Loin d'être une simple variable biologique, qui se mesure sur une échelle linéaire, l'âge se compte différemment pour les deux sexes. D'abord, les hommes « restent jeunes » plus longtemps que les femmes : considérés longtemps immatures, ils deviennent « adultes » plus tard en se mettant en couple et en fondant une famille à des âges plus élevés. Mais les hommes, contrairement aux femmes, retrouvent aussi leur jeunesse après une rupture. Dès lors que les femmes se chargent des enfants, ils jouissent d'une liberté objective et subjective plus grande. La séparation rend les hommes « jeunes » de nouveau, tandis qu'elle laisse les femmes dans une tout autre situation. Considérées comme plus « mûres » que les garçons lorsqu'elles sont jeunes, les femmes sont jugées trop « vieilles » par ces mêmes hommes après une rupture. Cette « valence différentielle des âges » marque les parcours affectifs des deux sexes, et fait du célibat une expérience sensiblement différente selon le moment de la vie.

Les classes sociales face aux normes conjugales

Tandis que le célibat des hommes est traversé par de fortes inégalités sociales, ces contrastes ne s'observent pas au même titre chez les femmes. Tout d'abord, il est rare pour ces dernières de rester célibataires jusqu'à un âge avancé (comme c'est le cas d'une partie des hommes), une vérité qui s'applique dans tous les milieux sociaux : moins de 3 % des femmes âgées de 40 ans ou plus déclarent ne jamais avoir connu de relation amoureuse importante[34].

Ça n'a pas toujours été le cas. Historiquement, le célibat était plus important chez les femmes éduquées. Dans les générations nées avant guerre, comme le montre Milan Bouchet-Valat, « on observe une échelle très nette, les chances de vivre en couple diminuant régulièrement avec l'élévation du niveau de diplôme[35] ». C'est ainsi que les femmes très éduquées, ayant fréquenté l'enseignement supérieur, étaient à l'époque significativement moins nombreuses que les autres femmes à avoir connu, au moins une fois dans leur vie, l'expérience de la conjugalité.

On n'a pas manqué de railler ces femmes hautement qualifiées, restées pour une partie d'entre elles célibataires. L'historien britannique Harry G. Cocks montre comment, dans la Grande-Bretagne des années 1920, des médecins et des psychiatres s'inquiétaient des effets néfastes de la « féminité moderne ». L'indépendance revendiquée par les femmes – suite notamment à leur entrée sur le marché du travail pendant la Première Guerre mondiale – aurait eu pour conséquence leur chagrin en amour, comme en témoignerait

---

34. Enquête « Épic », Ined-Insee, 2013-2014.
35. Bouchet-Valat, « Plus diplômées, moins célibataires », *loc. cit.*

leur recours aux petites annonces[36]. Ces images n'ont pas disparu. Serge Chaumier les retrouve dans la presse française des années 1980 et 1990, titrant avec complaisance sur les déboires des *superwomen* : « Les femmes prisonnières de leur réussite sociale le payaient, disait-on, au prix de l'échec de leur vie sentimentale ». Comme le note l'auteur, ces « alarmes journalistiques n'étaient pas dénuées de partis pris conservateurs. Elles occultaient les résistances masculines aux changements[37] ». Les figures repoussoirs de la femme affranchie fonctionnent ainsi comme un rappel à l'ordre du genre, à peine déguisé, en direction des femmes qui s'affirment socialement et économiquement. À vouloir un statut équivalent aux hommes – en investissant les études et le travail – les femmes devraient nécessairement « le payer », en faisant l'expérience de l'abandon. Cette image de la « solitude féminine » a la vie dure comme le montre cet article relativement récent du magazine *Elle*, expliquant à ses lectrices que, « du côté des femmes, réussite rime souvent avec célibat[38] ».

Pourtant, rien dans les statistiques ne vient appuyer ce constat. Le surcélibat des femmes éduquées ne s'observe plus en France depuis bien longtemps. Contrairement aux hommes – pour qui les inégalités sociales se sont accrues au fil du siècle –, « chez les femmes, les différences [*d'accès à la conjugalité*] entre groupes de diplômes se résorbent de manière spectaculaire et disparaissent complètement[39] ». En d'autres termes, pour les générations nées depuis les années 1960, aucun groupe social n'est plus à risque qu'un autre de rester célibataire toute la vie. C'est que, avec l'allongement de la scolarité, être une femme diplômée n'est plus chose exceptionnelle. Il en résulte une plus grande facilité

---

36. Harry G. Cocks, *Classified. The Secret History of the Personal Column*, Londres, Random House, 2009, p. 52.

37. Serge Chaumier, *L'Amour fissionnel. Le nouvel art d'aimer*, Paris, Fayard, 2004, p. 15.

38. Daniele Gerkens et Florence Tredez, « Amour. Mais où sont passés les hommes ? », *Elle*, 13 janvier 2014.

39. Bouchet-Valat, « Plus diplômées, moins célibataires », *loc. cit.*.

aujourd'hui que par le passé de concilier vie privée et emploi qualifié, mais aussi une image beaucoup moins négative de la femme scolairement dotée. Auparavant une dérogation aux normes de genre, poursuivre des études supérieures est pour une femme devenu une situation « normale ». Le célibat ne touche donc plus les femmes diplômées comme avant et, pour la même raison, les hommes peu qualifiés se trouvent particulièrement défavorisés.

Si inégalités de classe il y a, elles se trouvent plutôt du côté des personnes séparées. Les femmes ont autant de risques de vivre une rupture indépendamment de leur niveau de diplôme[40]. En revanche, celles qui sont peu qualifiées se mettent moins souvent, et moins rapidement, en couple après une séparation que ne le font leurs pairs diplômées. Il en résulte que pour les générations récentes – et à un instant donné – les femmes sans diplôme sont plus souvent célibataires que celles qui sont diplômées du supérieur[41]. Il en va de même lorsque l'on compare les groupes socioprofessionnels : les jeunes femmes cadres vivent aujourd'hui plus souvent en couple que ne le font les jeunes employées ou ouvrières[42].

Il faut pourtant se garder d'une image trop misérabiliste de ces femmes modestes qui, après une séparation, restent célibataires. Si la rupture n'est pas en soi souhaitée, la remise en couple n'est pas toujours désirée. Une recherche sur le célibat en France, menée conjointement avec Françoise Courtel et Géraldine Vivier, montre que ce sont très précisément les femmes issues des classes populaires qui déclarent le mieux vivre le célibat. Sans minimiser les difficultés économiques associées à cette situation – particulièrement fortes pour les

---

40. Parmi les générations récentes (nées entre 1968 et 1987), les femmes sans diplôme ou ayant un niveau inférieur au baccalauréat sont aussi nombreuses que celles ayant un diplôme supérieur ou égal au baccalauréat à s'être séparées de leur première union cohabitante dix ans après le début de la cohabitation, Insee, *Couples et familles*, 2015.

41. *Op. cit.*

42. Guillemette Buisson et Fabienne Daguet, « Qui vit seul dans son logement ? Qui vit en couple ? », *Insee première*, n° 1392, 2012.

femmes et *a fortiori* lorsqu'elles se trouvent à la tête d'une famille monoparentale –, ces femmes vivent souvent le célibat comme une reprise d'autonomie, et font preuve d'une vision parfois désillusionnée du couple avec lequel elles ne souhaitent pas forcément renouer[43].

À l'inverse, c'est chez les personnes les plus dotées que le célibat est le moins valorisé, et ce tout particulièrement chez les femmes. Autrement dit, c'est dans les milieux favorisés que l'on observe tout à la fois le taux de vie *en couple* le plus élevé, et les expériences les plus malaisées de la vie *hors couple*. Contrairement à l'idée selon laquelle c'est dans les classes supérieures que prospère la valorisation du célibat comme un nouveau mode de vie, c'est donc ici que la norme conjugale est la plus forte[44].

Contre toute attente, ce sont donc les femmes de milieux populaires – souvent séparées et vivant seules avec leurs enfants – qui revendiquent le plus souvent le célibat comme un véritable choix. Sauf à cyniquement réduire leur propos à de l'*illusio* ou de l'*amor fati,* elles montrent que les normes conjugales varient selon les appartenances de classe, mais ne sont pas mécaniquement liées à l'indépendance économique.

* * *

Femmes et hommes ne sont pas égaux face à la rencontre. Les sites et les applications le révèlent, avec une certaine cruauté. Souvent présentés comme une manière de faire advenir des rencontres qui n'arriveraient pas autrement, ces services ne mettent pourtant pas tout le monde sur un pied d'égalité. Traversé par les mêmes logiques qui structurent les rencontres « ordinaires », ce nouveau mode d'appariement tend à avantager les avantagés et laisser dépourvus ceux qui sont défavorisés par ailleurs. C'est ainsi que les jeunes

---

43. Bergström, Courtel et Vivier, « La vie hors couple, une vie hors norme ? », *loc. cit.*
44. *Ibid.*

hommes et les femmes âgées se trouvent plus souvent que les autres – *online* comme *offline* – exclus des interactions amoureuses et sexuelles. Si leurs situations sont à cet égard analogues, elles se distinguent néanmoins par les perspectives d'avenir. Au début de la vie affective, les jeunes hommes se trouvent en attente d'une rencontre qui, pour une large majorité d'entre eux, viendra dans un temps futur. À l'autre pôle des âges, les femmes se trouvent davantage dans une situation de relégation : une partie d'entre elles ne referont pas leur vie. La « fragilisation » des couples et l'augmentation des séparations n'ont donc pas le même impact sur les parcours amoureux des femmes et des hommes. Expérience partagée, les ruptures d'union préparent des avenirs différents pour les deux sexes, comme en témoignent à la fois la population sur les services de rencontres et leurs chances d'y trouver un partenaire.

Parce qu'ils rassemblent un grand nombre de candidats à la rencontre, et parce que les sollicitations et les rejets y sont à la fois nombreux et sensibles en tant que tels, les sites et les applications font prendre conscience à chacun de la place qu'il occupe dans les échanges amoureux et sexuels. En témoignent les modifications de l'âge qui, au premier abord anecdotiques, sont autant de tentatives d'améliorer ses chances objectives. Entre chercher et rencontrer, il n'y a qu'un pas mais sa distance est inégale selon les personnes. Ce n'est jamais aussi tangible que sur ces services spécialisés, où femmes et hommes font l'expérience concrète des inégalités sociales et sexuées qui traversent le célibat, de même que les normes d'âge et leur caractère genré.

Ces sites et applications révèlent aussi les aspirations contrastées que fait naître le célibat. Si la conjugalité reste une norme forte, on s'accommode plus ou moins bien de la vie « hors couple ». À ce sujet, le malaise face au célibat ne se trouve pas forcément là où on le croit. Contrairement aux images de la presse – qui mettent en scène les jeunes cadres urbains en tant que « nouveaux célibataires » et heureux de l'être –, ce sont précisément les cadres qui composent

mal avec la vie hors couple. À l'aune des idéaux d'une vie
« réussie », la vie à deux devient, dans les milieux aisés, l'un
des critères d'une vie accomplie. Dans les classes populaires,
la dureté de la vie et les inégalités au sein du couple désen-
chantent davantage l'expérience amoureuse, et ce tout particulièrement chez les femmes[45]. Si la conjugalité est un bien
désirable – justifiant le fait de parler d'une « inégalité » face
au célibat –, la force de cet idéal conjugal varie donc selon
le sexe, l'âge, le milieu social et l'expérience conjugale, et
parfois dans un sens inattendu.

---

45. *Ibid.*

5

Le temps d'une rencontre

> La rumeur court depuis l'avènement de Tinder, AdopteUnMec, Happn, et toute la clique des applications de rencontres. Les magazines féminins s'inquiètent, les télés angoissent, partout l'inquiétude monte. Le « *swipe* » (ce mouvement du doigt sur l'écran qui permet de *liker* une personne ou de la bannir à jamais) aurait guillotiné le romantisme, laissant l'amour orphelin. L'amour, c'était vraiment mieux avant ?
>
> *Madame Figaro,* octobre 2015.

Les sites et les applications de rencontres sont régulièrement accusés d'avoir tué l'amour[1]. L'incrimination vise la standardisation des services – jugée peu romantique – mais surtout la nature des relations qui en découlent : les rencontres en ligne seraient surtout des rencontres sexuelles. Cette image assure aux services de rencontres une forte attention médiatique. De nombreux reportages sont consacrés à la drague

---

1. Citons par exemple le *Huffington Post*, « Comment les sites de rencontres ont tué l'amour », 13 janvier 2015 ; *Marianne*, « Les sites de rencontres sur Internet, un vrai tue-l'amour ! », 5 juin 2005 ; *Les Inrocks*, « Tinder a-t-il tué les sentiments amoureux ? », 3 juin 2016 ; *Le Monde*, « Trouver l'amour sur un site de rencontres, mission impossible ? », 17 février 2017. Certains résultats statistiques ici présentés ont été publiés dans un chapitre d'ouvrage collectif : Marie Bergström, « Les rencontres en ligne. Rapidement sexuelles, souvent occasionnelles », *in* Olivier Martin et Éric Dagiral (dir.), *L'Ordinaire d'Internet. Le web dans nos pratiques et nos relations sociales*, Paris, Armand Colin, 2016.

sur Internet, aux histoires « sans lendemain » et au refus de l'engagement que l'on croit percevoir dans le recrutement et le renouvellement de partenaires en ligne. Certains y voient le signe d'une libéralisation des mœurs. Pour d'autres, cela témoigne surtout de l'émergence d'un rapport consumériste aux relations intimes. Dans les deux cas, on y voit une nouvelle « sexualité 2.0 », c'est-à-dire la diffusion de nouvelles attitudes en matière de sexualité, plus ludiques, plus narcissiques, plus utilitaristes ou plus libérées, selon les différents avis des commentateurs. Cette nouvelle culture sexuelle trouverait un terrain d'élection dans les services de rencontres et plus généralement dans la désinhibition aujourd'hui permise par Internet. Pour le sociologue Jean-Claude Kaufmann, il ne s'agit de rien de moins que d'une révolution sexuelle. Univers anonyme et protégé « des violences et des risques de la transgression », l'espace numérique aurait permis une relation plus simple au sexe, dépouillée des interdits et des tabous d'hier[2]. Avec les rencontres en ligne, la sexualité serait finalement devenue un loisir comme un autre : « On programme une nuit chaude comme on irait au cinéma[3]. » La même thèse se retrouve dans d'autres travaux et conforte l'idée d'une véritable *banalisation du sexe* sur Internet.

Que nous disent les enquêtes ? Indéniablement, les sites et les applications changent les scénarios de la sexualité. Les relations nouées via ces services deviennent à la fois rapidement sexuelles et sont souvent de courte durée. Or l'explication n'est pas tant à chercher dans l'émergence de nouvelles attitudes en matière de sexualité que dans un changement du *cadre* de la rencontre. Alors que l'on insiste beaucoup sur une transformation des normes sexuelles, nous attirons ici l'attention sur les conditions d'interaction spécifiques aux applications et aux sites. Si les relations nouées via ces services diffèrent de celles nouées ailleurs, c'est d'abord que les modalités d'interaction ne sont pas les mêmes. Parce qu'elles se déroulent *en dehors*

---

2. Kaufmann, *Sex@mour*, *op. cit.*, p. 116.
3. *Ibid.*, p. 140.

et souvent *à l'insu* du cercle de sociabilité, les rencontres en ligne sont beaucoup plus discrètes que celles qui ont lieu par ailleurs. Cette discrétion – qui fait la spécificité des services par rapport aux contextes de rencontres ordinaires (dont les études, le travail, les soirées et les sorties) – autorise une plus grande marge de manœuvre dans la gestion de la sexualité. À l'abri des regards environnants, les rencontres sur Internet portent moins à conséquence et facilitent ainsi les relations éphémères. C'est donc la *privatisation de la rencontre* qui explique les changements dans la sexualité, observés sur les sites et les applications.

Contrairement à ce que soutiennent Jean-Claude Kaufmann et d'autres, on est pourtant loin d'un « marché sexuel libre ». Si les services changent les conditions d'exercice de la sexualité, ils n'échappent pas aux régulations sociales. Les rencontres en ligne sont prises dans des cadres sociaux bien établis, dont le double standard des sexes en premier lieu. Sur Internet comme ailleurs, on attend des femmes une certaine *réserve sexuelle*, faute de quoi elles mettent en jeu leur respectabilité, voire leur intégrité physique. Il revient ainsi aux utilisatrices de modérer les interactions par la censure de leur propre désir (ne pas se montrer trop disponible) et l'autodiscipline des comportements (ne pas céder trop facilement), et aux hommes de respecter cette réserve féminine. Dans un contexte où l'on dit tout permis, tout désinhibé et le sexe banalisé, les services de rencontres révèlent *a contrario* les conditions complexes dans lesquelles se négocie l'hétérosexualité.

Nouveaux scénarios sexuels

Les changements de la sexualité portés par les sites et les applications s'expriment notamment dans la *temporalité* des relations. Les histoires qui débutent en ligne se déroulent autrement que les relations qui commencent ailleurs et le rythme est différent. Rapidement sexuelles, elles sont aussi souvent de courte durée. Cette spécificité des services de rencontres mérite attention car – au-delà de la simple question de la durée des relations – la temporalité traduit une réorganisation de la rencontre et de nouvelles significations accordées à la sexualité.

Une accélération des rencontres

Sur les sites et les applications, tout va plus vite. C'est ce que disent les utilisateurs et c'est également ce que montrent les enquêtes : le recours aux services spécialisés s'accompagne d'une accélération des rencontres. Non seulement les utilisateurs décident rapidement de se voir hors ligne lorsque le contact est bon sur Internet (comme nous l'avons vu dans le chapitre 3), mais, dès lors que le *feeling* passe au moment de la rencontre physique, ils passent aussi rapidement à l'acte sexuel. La tendance s'observe pour tout type de rencontre mais, faute de statistiques sur les rencontres occasionnelles, on se centre ici sur les couples tels qu'observés dans l'enquête « Épic ».

Permettant de mesurer le nombre de jours entre le premier contact et les premiers rapports sexuels, cette étude fournit un indicateur du processus de rapprochement des partenaires, et permet de comparer la temporalité des relations selon le lieu de rencontres (illustration 11). Elle révèle que les relations amoureuses qui débutent sur un site de rencontres deviennent plus rapidement sexuelles que les relations qui commencent ailleurs. Plus d'un couple sur deux formé par ce biais (56 %) se connaissait depuis un mois ou moins lorsque les partenaires ont eu des rapports sexuels ensemble pour la première fois. Près d'un couple sur trois (31 %) se connaissaient depuis une semaine ou moins. C'est une temporalité très rapide comparée à d'autres relations où la sexualité est plus lente à venir. Les rencontres qui ont lieu dans une soirée entre amis, par exemple, donnent rarement lieu à une relation immédiatement sexuelle : les partenaires attendent souvent plusieurs mois avant d'avoir des rapports. C'est *a fortiori* le cas des rencontres au travail : parmi les relations nouées

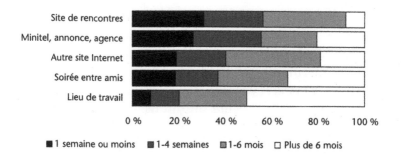

Illustration 11. **Durée de connaissance des partenaires avant les premiers rapports sexuels**

Champ : relations amoureuses importantes nouées en France dans cinq contextes différents entre 2005 et 2013 (pour le lieu de travail, les soirées entre amis, Internet et les sites de rencontres) ou entre 1970 et 2013 (pour les petites annonces, les agences matrimoniales et le Minitel). Source : enquête « Épic », Ined-Insee, 2013-2014.

dans ce cadre, seule une petite minorité (8 %) sont devenues sexuelles dans la semaine suivant la rencontre – comme il est courant dans le cas des sites – et la plupart des couples attendent plusieurs mois avant de donner à la relation un caractère sexuel. Les services de rencontres abrègent donc la période de séduction. Le temps de fréquentation, en amont des premiers rapports, est plus bref dans le cas de ce nouveau mode de rencontre.

L'explication réside dans l'explicitation des enjeux : les rencontres en ligne sont bien moins ambiguës que celles qui ont lieu ailleurs. Lors d'une rencontre dans une soirée entre amis, par exemple, les interactions se prêtent à des définitions multiples. Il n'est pas toujours aisé de distinguer les conversations amicales de celles mues par une intention affective ou sexuelle, et ce d'autant plus que la sociabilité ordinaire est souvent sous-tendue par des jeux de séduction. De plus, les protagonistes ne savent pas forcément si l'autre personne est « libre ». Dans un tel contexte d'incertitude, il s'agit d'abord de tâter le terrain pour s'assurer que les désirs et les intentions sont réciproques, et il en résulte que le temps de rapprochement est souvent long. C'est plus vrai encore pour les rencontres dans un contexte professionnel comme le confirme Virginie, évoquant ici une relation amoureuse avec un homme qu'elle a connu sur son lieu de travail :

> On ne peut pas se permettre les mêmes choses sur un lieu de travail qu'on se permettrait ailleurs. Du coup, c'est vrai qu'on a appris à se connaître tout en douceur sur un mois, parce que chacun s'interdisait certaines choses. On a pris ce mois pour se connaître différemment que si on s'était rencontrés pendant une soirée. Il y avait de la séduction, oui effectivement, mais c'était de la séduction masquée [Virginie, 29 ans, assistante sociale].

Les rencontres amoureuses et sexuelles dans le cadre du travail sont délicates, non seulement parce qu'elles peuvent attirer l'attention de l'employeur ou des collègues, mais parce qu'elles nécessitent un travail important de *redéfinition* de la relation. Il s'agit, comme le dit Virginie, de se connaître « différemment ». Passer d'une situation professionnelle à une situation potentiellement sexuelle prend du temps et nécessite une série de rituels de rapprochement. Dans les termes de John H. Gagnon et William Simon, l'enjeu consiste à passer d'un cadre de travail à un « script sexuel » entendu comme un schème d'interprétation des événements qui permet aux acteurs de définir la situation comme sexuelle[4]. Cela implique de reconsidérer aussi bien la nature de la relation que la signification des actes et des intentions des acteurs, et conduit à un rapprochement progressif, permettant en même temps aux acteurs de calibrer leurs attentes. Ce temps de fréquentation tend, sinon à disparaître, tout au moins à diminuer lorsque les rencontres ont lieu via des sites et des applications. Des utilisateurs de tous âges sont nombreux à le souligner :

---

4. John H. Gagnon et William Simon, *Sexual Conduct. The Social Sources of Human Sexuality*, Piscataway, Transaction Books, 2005.

C'est la différence entre le réel et Tinder. C'est-à-dire qu'en général, dans le réel, une fille que tu côtoies dans ton milieu social, tu vas attendre, vous allez prendre du temps, ça va commencer par une cigarette puis doucement on va parler, on parle, vous vous ajoutez sur Facebook et c'est éventuellement au bout de deux semaines que tu te lances. Sur Tinder, le temps c'est un autre paradigme, c'est une autre dimension, ça va plus vite [Corentin, 25 ans. Parents : cadres du privé].

La différence est telle entre le déroulement des rencontres en ligne et hors ligne que Corentin parle d'un changement de « paradigme ». Il est vrai que les relations nouées via un site ou une application débutent dans un cadre très spécifique. Avoir recours à ce genre de service, c'est *a priori* se déclarer célibataire et disponible pour une relation amoureuse ou sexuelle. De même, contacter quelqu'un par ce biais (ou répondre à une sollicitation) sera immédiatement compris comme une marque d'intérêt. Cette situation ôte à la séduction le caractère équivoque qu'elle peut revêtir ailleurs : les interactions sont clairement et d'emblée définies comme des relations intimes potentielles ou en devenir.

C'est cette explicitation des intentions amoureuses et sexuelles qui accélère le cours des événements. Sans devoir se poser la question de la nature de la rencontre (professionnelle, amicale ou intime ?), et donc avec un moindre risque de se tromper sur les signaux de l'interlocuteur et de perdre la face, les protagonistes avancent avec beaucoup plus de certitude. Comme le dit un utilisateur, lors des rencontres en ligne, « il y a des choses qui sont acquises [...] des prérequis qui facilitent vraiment la relation » [Luc, 48, éditeur]. Aussi les relations deviennent-elles rapidement physiques (par des touchers et des baisers) et sexuelles. La publicité des intentions participe en effet à créer une situation d'emblée chargée sexuellement. Pour emprunter un terme à William I. Thomas, on peut dire que le cadre enlève les incertitudes quant à la « définition de la situation[5] », ce qui a pour conséquence une nette accélération de la rencontre.

Cette caractéristique est tout à fait spécifique aux services de rencontres : elle ne concerne pas les rencontres sur Internet en général. Les relations nouées via d'autres plateformes numériques, comme les chats ou les sites de réseaux sociaux (Facebook, SnapChat, Instagram, Twitter, etc.) suivent en effet un scénario différent. La phase de la communication en ligne est plus longue et la sexualité survient moins vite : souvent plus d'un mois après le premier contact comme le montre l'enquête « Épic » (voir illustration 11). *In fine*, ces autres relations issues d'Internet ressemblent beaucoup plus aux couples formés dans une soirée entre amis qu'à ceux formés sur un site de rencontres. Parce qu'elles s'insèrent dans le réseau social de l'individu, et qu'elles ont lieu dans un cadre défini comme « amical », ces rencontres impliquent les mêmes tâtonnements qu'une rencontre hors ligne et sont par conséquent plus progressives. Ce n'est donc pas l'univers numérique *en soi* – et les effets de désinhibition qu'on lui prête – qui accélère la rencontre mais bien le recours à des services spécialisés. Pour cette même raison, les petites annonces, les agences matrimoniales et le « Minitel rose » – qui reposent tout autant sur une explicitation des intentions – se caractérisent eux aussi par une sexualisation rapide (voir illustration 11). Ces modes de rencontres, d'un autre temps et souvent oubliés, permettent de souligner que c'est le *cadre* de la rencontre qui importe bien plus qu'un changement d'attitudes à l'ère numérique.

Ce scénario propre aux services de rencontres a des conséquences pour les relations qui en découlent. Il participe à une dissociation croissante entre conjugalité et sexualité. Ce mouvement est amorcé au milieu du siècle dernier, comme le montre Michel Bozon, et se manifeste notamment dans la nouvelle place qu'occupe la sexualité dans la constitution

---

5. William I. Thomas, *The Unadjusted Girl. With Cases and Standpoint for Behavior Analysis*, Boston, Little, Brown and Company, 1923.

du couple[6]. Alors que, dans les années 1950, les premiers rapports sexuels coïncidaient avec le mariage et faisaient suite à une période de fréquentations « chastes », à partir des années 1970 les rapports interviennent au contraire au début de la relation, bien avant la cohabitation et certainement avant la célébration du mariage. Ce changement temporel traduit un changement de la signification accordée à la sexualité. Auparavant considérée comme une conséquence de l'union, elle est devenue une manière d'instituer le couple : « Les premiers rapports sexuels constituent vraiment l'acte fondateur du lien entre deux personnes[7]. »

Les rencontres en ligne prolongent cette évolution. Elles s'accompagnent d'une précocité inédite des premiers rapports sexuels dans la trame des relations intimes. Aussi, le sens accordé à la sexualité change-t-il de nouveau : les rapports sexuels viennent sceller une entente bien plus qu'ils ne marquent l'entrée en couple. Ils interviennent à un moment où l'avenir de la relation est encore incertain et où les sentiments éprouvés ne sont pas encore manifestes. Cela a deux implications importantes.

D'abord, les relations nouées en ligne ne sont pas forcément exclusives. La rencontre avec quelqu'un – considérée comme une ouverture plus qu'une fermeture des possibles – n'implique pas la désinscription des services et n'interdit pas forcément de voir d'autres personnes. C'est ainsi que les sites et les applications sont accusés de cultiver du « zapping relationnel[8] » et même une « phobie de l'engagement[9] ». Exposés à une offre importante de partenaires potentiels, et constamment tentés par la possibilité de « trouver mieux », les usagers se montreraient incapables de s'engager. Ces expressions traduisent pourtant mal la nouveauté de la situa-

---

6. Michel Bozon, « La nouvelle place de la sexualité dans la constitution du couple », *Sciences sociales et santé*, n° 4, 1991.

7. *Ibid.*, p. 69-70.

8. Lardellier, *Le Cœur NET*, *op. cit.*, p. 141.

9. Illouz, *Pourquoi l'amour fait mal*, *op. cit.*, p. 103 ; Kaufmann, *Sex@mour, op. cit.*, p. 189.

tion. La poursuite d'autres rencontres s'explique moins par l'indécision des usagers que par la précocité des rapports sexuels dans le processus de rencontre, qui interviennent désormais bien avant que les partenaires se considèrent en couple. L'exclusivité est considérée comme une question pour plus tard – lorsque la relation s'inscrit dans la durée et qu'il convient de se demander « quelle place on a auprès de l'autre » comme le dit une autre utilisatrice. Plutôt qu'une peur de l'engagement, on observe un nouveau cheminement vers la conjugalité où les partenaires s'éprouvent avant de s'engager.

Il s'ensuit que l'entrée en couple à proprement parler n'est plus marquée par les *actes* – comme le premier baiser ou les premiers rapports – mais par des *mots*. Seulement lorsque l'on se dit mutuellement « en couple », et que l'on se présente comme tel à l'entourage, la relation existe-t-elle en tant que telle. Tandis qu'autrefois beaucoup de choses allaient « sans dire » – car l'exclusivité permettait l'implicite –, les rencontres simultanées, la précocité de la sexualité et l'absence d'exclusivité dans les premières instances de la relation participent désormais à ce que la conjugalité repose d'abord sur un engagement verbal. L'*entrée en couple* est plus que jamais un acte de langage.

Une sexualité non conjugale

Rapidement sexuelles, les relations qui débutent sur Internet sont aussi souvent de courte durée. Cette image des rencontres en ligne comme des histoires éphémères assure une publicité aux sites et aux applications dont ils cherchent fréquemment à se défaire. Elle est pourtant confirmée par les enquêtes : si les services se présentent de préférence comme des espaces de rencontres amoureuses, ils mènent plus souvent à des relations de courte durée. Sur l'ensemble des utilisateurs âgés de 26 à 65 ans en 2013, moins d'une personne sur cinq (19 %) dit avoir noué une relation de couple ou une relation amoureuse dite importante via un site de rencontres.

En revanche, la moitié des usagers disent avoir connu des histoires moins importantes par ce biais, qu'elles soient de nature affective ou sexuelle (51 %)[10]. Cela veut dire que, si ces services donnent lieu à beaucoup de rencontres, dont nombre deviennent sexuelles, seule une minorité des relations s'inscrivent dans la durée.

C'est d'ailleurs la réputation qui prévaut de ce nouveau mode de contact. Interrogés sur l'image des sites de rencontres, plus de la moitié des répondants à l'enquête « Épic » étaient d'accord pour dire qu'ils « mènent surtout à des rencontres occasionnelles » (55 %), et cet avis était plus répandu encore chez les personnes qui avaient effectivement utilisé ces services (70 %). Suivant Sharman Levinson[11], on peut dire que les rencontres sur Internet sont désormais dotées d'une « histoire de référence », c'est-à-dire un script culturel qui les associe de prime abord à des rencontres sexuelles, tant au niveau des représentations (ce que l'on croit savoir des sites et des applications) que dans le faits (les expériences qu'on y fait).

La chronologie propre aux rencontres explique en partie ce caractère souvent éphémère. Dès lors que la sexualité intervient tôt, de nombreuses relations deviennent aussi sexuelles et ce bien avant que les partenaires aient statué sur la nature ou l'avenir de la relation. Cela veut dire que le caractère passager des relations n'est pas toujours anticipé : par le fait même de la sexualisation précoce, les rencontres « sans lendemain » sont une expérience constitutive de l'usage des services – sans qu'elles ne soient nécessairement recherchées en tant que telles.

Surtout, les caractéristiques de ces services favorisent les rencontres occasionnelles. Les usagers s'engagent plus facilement dans des relations sexuelles – ou dans des relations à destin incertain – avec des partenaires rencontrés via ces

---

10. Enquête « Épic », Ined-Insee, 2013-2014.
11. Sharman Levinson, « Les "histoires de référence". Cadres socio-temporels et représentations des premières relations sexuelles », École des hautes études en sciences sociales, 2001.

services qu'avec des personnes rencontrées dans d'autres contextes. L'explication réside dans la grande discrétion des rencontres en ligne. Sur les sites et les applications, les relations débutent et se déroulent loin du regard de l'entourage, ce qui permet une grande autonomie dans la gestion de la vie privée. C'est moins le cas des rencontres « ordinaires » qui sont souvent associées à des cadres de sociabilité, c'est-à-dire des contextes où les partenaires partagent un réseau de connaissances. C'est le cas des lieux d'études qui, de prime abord, apparaissent comme un cadre propice pour réaliser de nombreuses rencontres mais qui, aux dires des jeunes utilisateurs, impliquent surtout des soucis. C'est l'avis de Tanguy qui se méfie des « ragots » à l'université : « Tu fais un truc et tout le monde est au courant en deux jours » [Tanguy, 22 ans. Parents : cadre du privé (au chômage) et artisan]. C'est aussi vrai pour les contextes amicaux, comme l'explique Paul :

> Ça peut être compliqué de draguer dans des soirées parce que c'est des amies et des amies d'ami(e)s. Il y a toujours des histoires et ça pose pas mal de problèmes. C'est-à-dire qu'untel est sorti avec unetelle ou bien untel n'aime pas qu'on sorte avec unetelle, il y a des ex, etc. En fait, ça complique vachement les choses. Sur Internet, c'est plus simple de rencontrer de nouvelles personnes qui sont vraiment nouvelles, qui sont extérieures à tout ça, avec qui il ne risque pas d'y avoir d'histoires [Paul, 26 ans, responsable webmarketing.].

L'université et les soirées, comme le travail, les associations et d'autres cadres, constituent certes des occasions de rencontres, mais ils ont l'inconvénient de fournir un public qui assiste à la scène. Les rencontres faites au sein d'un cercle d'amis, de connaissances ou de collègues ne sont jamais chose anodine mais sont un objet de curiosité, de conversation et parfois de contestation. Les partenaires sont souvent invités à rendre compte de leurs actes devant un entourage qui exige sinon un droit de regard, au moins un droit de savoir. Dans ces circonstances, les individus font preuve de prudence,

comme en témoignent les citations ci-dessus. Il s'agit de
mesurer les conséquences de la relation qui risque sinon de
faire des « histoires ». Alix développe ici cette idée, expliquant
pourquoi elle évite à tout prix de faire des rencontres sur
son lieu d'études :

> Je ne vais pas sortir avec un mec de la fac parce que je
> n'ai pas envie de le revoir tous les jours si ça se passe mal,
> je n'ai pas envie de le voir avec une meuf si ça se passe
> mal. Je n'ai pas envie d'avoir des histoires en fait. C'est
> pour ça que je préfère vraiment que ça soit extérieur à
> tout [Alix, 21 ans, étudiante. Parents : femme au foyer et
> profession libérale].

Cloisonnés par rapport aux contextes de sociabilité, les
relations nouées sur les services de rencontres portent moins
à conséquence et exposent moins les partenaires devant leurs
réseaux sociaux. Dans ce contexte, et selon les termes d'un
utilisateur, on « se pose moins de questions [...] de toute
façon, ce n'est pas une copine d'un ami, de toute façon, tu
t'en fous » [Sébastien, 29 ans, consultant]. De nouveau, ce
trait caractéristique des sites et des applications n'est pas une
spécificité d'Internet. Les histoires « sans lendemain » sont
plus généralement courantes dans des contextes de rencontre
déconnectés de la vie quotidienne. Un tel contexte, c'est
notamment les lieux de vacances[12], connus pour favoriser les
relations passagères car fréquentés temporairement et parce
que les partenaires ont peu de chances (ou de risques) de se
revoir. Les sites et les applications fournissent aujourd'hui un
contexte semblable. En délimitant les rencontres à un cadre
très précis, ils permettent à la fois de s'engager et de se désen-
gager avec plus de facilité vis-à-vis des partenaires sexuels.

Cette caractéristique constitue un attrait particulièrement
saillant pour certaines populations. Elle joue notamment un
rôle dans le succès des sites et des applications de rencontres
auprès des personnes bi, gays et lesbiennes. En France comme

---

12. Bozon et Rault, « De la sexualité au couple », *loc. cit.*, p. 465-466.

à l'étranger, le taux d'usage de ces services est bien plus élevé parmi les personnes qui se disent bi- ou homosexuelles que dans la population hétérosexuelle[13], et c'est devenu un mode de rencontres majeur des couples de même sexe : entre 2005 et 2013, près d'un couple homosexuel sur trois s'est connu via un site de rencontres (29 %), contre moins d'une relation hétérosexuelle sur dix[14]. Ce recours important aux services spécialisés s'explique en partie par l'entre-soi qu'il permet. Sur les sites et les applications présentés comme gays, lesbiens ou LGBT, non seulement les interactions sont davantage à l'abri de l'homophobie, mais les interlocuteurs sont d'emblée identifiés comme bi- ou homosexuels, ce qui n'est pas forcément le cas dans des contextes de sociabilité ordinaire.

Or le succès des services tient aussi à la discrétion des rencontres en ligne. Les services spécialisés, comme d'autres lieux explicitement dédiés aux rencontres homosexuelles, permettent de reléguer les « pratiques [sexuelles] hors du cadre de vie "ordinaire" de l'individu[15] ». Dans les contextes où l'homosexualité est fortement stigmatisée, voire pénalisée, cette possibilité de séparer les réseaux sexuels des réseaux sociaux est un élément important du succès de ces services[16]. En France, l'homosexualité est aujourd'hui moins stigmatisée qu'elle ne l'a été par le passé, notamment au sein des jeunes générations[17], mais l'hétéronormativité – c'est-à-dire la socialisation et l'injonction normative à une sexualité hétérosexuelle – est toujours prégnante et particulièrement sensible en début de parcours affectif. Comme le montre Natacha

---

13. Bajos et Beltzer, « Les sexualités homo-bisexuelles », *loc. cit.*

14. Enquête « Épic », Ined-Insee, 2013-2014.

15. Bruno Proth, Rommel Mendès-Leite et Pierre-Olivier de Busscher, « Lieux de rencontre et back-rooms », *Actes de la recherche en sciences sociales*, n° 128, 1999, p. 24.

16. Patrick Awondo, « Internet et la fabrique du couple binational homosexuel. Entre bricolages affectifs et reconfiguration de l'espace homosexuel transnational », *Sociétés contemporaines* 4, n° 104, 2016.

17. Wilfried Rault, « Les attitudes "gayfriendly" en France. Entre appartenances sociales, trajectoires familiales et biographies sexuelles », *Actes de la recherche en sciences sociales*, n° 213, 2016.

Chetcuti dans ses recherches sur les relations entre femmes, l'univers numérique présente alors un intérêt tout particulièrement pour les jeunes lesbiennes, permettant d'expérimenter une sexualité qui n'est pas encore assumée devant l'entourage[18].

Ce qui est rarement souligné, c'est que cette extériorité des sites et des applications par rapport aux cercles de sociabilité présente aussi un intérêt pour la population hétérosexuelle. Plus précisément, cette propriété est saillante pour les femmes. L'hétérosexualité se conjugue différemment pour les deux sexes, dont les pratiques ne sont pas jugées de la même manière. Alors que les relations éphémères peuvent être valorisantes pour les hommes – considérées comme une manifestation de la virilité et un gain de maturité pour les garçons –, elles entrent en contradiction avec un modèle féminin qui dicte une certaine retenue sexuelle. Les femmes dont les comportements sexuels s'écartent de ce modèle sont potentiellement objets de stigmatisation, associées aux figures repoussoirs de la « fille facile », la « salope » ou la « pute »[19]. Veiller à sa « réputation sexuelle », par une autodiscipline des paroles et des actes, constitue alors un enjeu pour être considérée comme une femme respectable.

Ce double standard des sexes est loin d'avoir disparu dans la période actuelle, malgré un rapprochement des pratiques des femmes et des hommes et la diffusion d'un ethos égalitaire[20]. Les femmes ont certes gagné le droit de vivre différentes histoires amoureuses et sexuelles (l'époque est révolue où l'on s'attendait à ce qu'elles soient vierges au mariage), mais leurs conduites sexuelles continuent à être jugées autrement, et plus sévèrement, que celles des hommes. Les récits des utilisatrices sont illustratifs à cet égard. Ils montrent que les

---

18. Chetcuti, « Autonomination lesbienne avec les réseaux numériques », *loc. cit.*

19. Isabelle Clair, « Le pédé, la pute et l'ordre hétérosexuel », *Agora débats/ jeunesses*, n° 60, 2012.

20. Clair, « La découverte de l'ennui conjugal », *loc. cit.*

femmes mettent toujours en jeu leur réputation lorsqu'elles nouent des relations sexuelles, et qu'elles s'y engagent par conséquent prudemment. Les femmes interviewées font attention aux circonstances dans lesquelles elles s'engagent dans des relations sexuelles afin d'éloigner, comme Virginie ci-après, les risques de la réprobation sexuelle :

> Autant j'assume complètement mon mode de vie dans les périodes où je n'ai pas envie de sérieux, autant je sais pertinemment l'image que ça peut renvoyer chez certains. Je sais pertinemment que ça peut très facilement être taxé de salope ou de je ne sais pas quoi. Donc c'est une image que tu n'as pas envie de renvoyer [Virginie, 29 ans, assistante sociale].

Les services de rencontres n'ont pas fait disparaître cette morale sexuelle. Ils donnent cependant l'occasion de s'en prémunir temporairement. Les sites et les applications constituent un univers de rencontres à l'abri des regards, permettant plus facilement de vivre des relations de courte durée dans la mesure où l'absence des pairs diminue le risque de stigmatisation qui y est associé et anticipé. Recruter ainsi des partenaires en dehors du cercle de sociabilité permet de vivre des histoires peu légitimes tout en gardant une image sexuellement modérée face à l'entourage. Comme pour d'autres populations dont les comportements sont potentiellement stigmatisés, les sites et les applications facilitent donc l'accès des femmes à la sexualité, et ce en raison de la dissociation relative qu'ils permettent entre pratiques sexuelles et image sociale. Le mécanisme bien connu des chercheurs travaillant sur les relations gays et lesbiennes fonctionne aussi pour les femmes hétérosexuelles. C'est que, en fait, plus que d'être seulement un moyen d'autonomie relative pour des populations minoritaires, ces services assurent une mise à distance du regard environnant à tous ceux qui sont, plus généralement, stigmatisables – les femmes en premier lieu.

Les termes de l'hétérosexualité

Si les rencontres en ligne facilitent l'accès à la sexualité – notamment des femmes –, elles ne bouleversent pas pour autant les termes de la rencontre. À la différence de l'entre-soi qui caractérise les espaces gays et lesbiens, les services hétéro-orientés n'éloignent pas complètement le regard jugeur qui persiste dans le regard du sexe opposé. Dans ce huis clos hétérosexuel, les femmes et les hommes avancent avec prudence, veillant à la conformité sexuelle et sexuée de leurs conduites comme de celles du sexe opposé.

La salope et le salaud

Sur Internet, les rencontres hétérosexuelles sont en apparence très pudiques. Elles tranchent nettement avec le ton des applications et des sites gays (Grindr, Hornet, GayRomeo…) où les échanges sont souvent très explicites. Clairs sur le caractère sexuel des rencontres, les interlocuteurs décrivent leurs corps, détaillent les actes sexuels appréciés ou souhaités et précisent s'ils « reçoivent » ou « se déplacent ». Rien de tel sur les services hétéro-orientés où les intentions sexuelles n'apparaissent qu'entre les lignes. C'est le cas dans les profils où le désir de vivre des relations non conjugales s'exprime surtout par métaphores : « pas de prise de tête », « ouvert d'esprit », « aime profiter de la vie et du célibat », « *carpe diem* »… Tenir des propos explicites est d'ailleurs interdit sur de nombreuses plateformes ciblant un public hétérosexuel. L'observation réalisée par Laurie Beunet au sein de l'équipe de « modération » de Meetic montre que, sous peine de radiation, toute allusion sexuelle est proscrite. Impossible donc de rechercher explicitement du « sexe » ou des « plans cul », mais aussi de publier des photographies suggestives[21]. Sur les services plus permissifs, comme certaines applications mobiles, l'autocensure prend souvent la relève :

---

21. Laurie Beunet, « Pratiques de modération sur le site de rencontres Meetic », *Ethnologie française* 43, n° 3, 2013.

Le paradoxe de Tinder pour moi, d'un point de vue sociologique et psychologique, c'est que c'est à la fois un truc
décomplexé mais totalement hypocrite. Parce que dans
beaucoup de cas on va comprendre très bien pourquoi
on se parle, et pour quoi on se voit, mais ça apparaît
très rarement de manière explicite. C'est-à-dire que c'est
à la fois l'application de l'émancipation réelle, parce que
ça se sait, mais est-ce que ça *se dit* ? Beaucoup moins.
C'est-à-dire qu'une fille à qui tu vas proposer de venir chez
toi le soir, que t'as rencontrée sur Tinder, [tu demandes]
« est-ce que tu veux boire un verre de vin rouge ? », ça
passe très bien, et tu sais très bien pourquoi on va se voir.
En revanche, si tu dis « est-ce que tu baises ? », ça ne
passera pas, alors que c'est exactement le même message,
mais l'un est dans un autre français que l'autre. Donc,
y a à la fois une réelle émancipation, et je trouve que ça
casse les codes, et à la fois une hypocrisie tout humaine
[Corentin, 25 ans, étudiant. Parents : cadres du privé].

Online comme *offline,* la séduction hétérosexuelle repose sur
un scénario où la dimension sexuelle doit rester implicite. Si
les services de rencontres ont rendu plus facile l'accès à une
sexualité non conjugale – décrit par Corentin comme une
véritable « émancipation » –, ils n'ont pas changé les *termes* de
cet accès. Sur Internet comme ailleurs, la sexualité doit être
tue. Plus précisément, comme le dit Corentin, elle s'exprime
« dans un autre français », c'est-à-dire par des allusions et
des sous-entendus. On constate donc, sur les services de
rencontres comme ailleurs, une difficile énonciation du désir
hétérosexuel. Cette injonction à la pudeur pèse sur les femmes
mais aussi sur les hommes – ce que l'on dit moins souvent.
    En effet, de nombreuses études ont montré, à l'instar des
travaux d'Isabelle Clair, que les femmes sont jugées par les
hommes en fonction de leurs comportements sexuels : cela
passe notamment par « la "réputation" qui constitue un
étiquetage péjoratif des filles en fonction de leur degré de
vertu supposé[22] ». Il est plus rarement souligné que l'inverse

---

22. Clair, « Le pédé, la pute et l'ordre hétérosexuel », *loc. cit.*, p. 72.

est également vrai. Manifester une sexualité trop ostentatoire revient pour les hommes à s'exposer aux jugements négatifs des femmes. C'est ce qu'explique ici Maëlle, lorsqu'elle évoque la difficulté de répondre à la question de la « relation souhaitée », posée par certains services de rencontres dont AdopteUnMec. Pour l'utilisatrice, il s'agit d'une question « absurde » dans la mesure où il n'est pas possible – ni pour les femmes ni pour les hommes – de répondre réellement d'après ses désirs :

> Sur AdopteUnMec, tu as quand même des catégories qui sont assez difficiles à remplir. Genre, la « relation souhaitée ». Le principe c'est que tu remplis ce que tu veux. Mais si tu dis « Je veux du sexe », tu auras que des espèces de greluches. Et si je suis une fille et je fais ça, j'aurai que des relous, mais ma vie sera un enfer pendant quelques jours ! Parce que je dis que je veux que du sexe. Et si je dis que je veux une relation, un truc intermédiaire, pour un mec, ça fait salaud clairement [Maëlle, 25 ans, étudiante. Parents : profession intermédiaire et cadre du privé].

Rechercher et proposer expressément une relation sexuelle traduit un comportement déviant pour les deux sexes. Si les femmes sont des « salopes », comme le précise Maëlle plus tard dans l'entretien, les hommes sont des « salauds ». Figures repoussoirs tous les deux, la « salope » et le « salaud » ne le sont pourtant pas au même titre. Les insultes sont asymétriques comme le sont les rapports de genre. Pour les femmes, déclarer le désir de vivre des relations occasion-nelles revient à afficher une trop grande appétence sexuelle. Sommées à la retenue, on les accuse de « se donner trop facilement ». Cela ne disqualifie pas nécessairement les femmes en tant que partenaires sexuelles, au contraire : si Maëlle proclame que sa « vie sera un enfer » en cas de solli-citation sexuelle, c'est qu'elle anticipe un grand nombre de messages de la part des hommes. En revanche, cette dispo-nibilité sexuelle rabaisse les femmes *socialement*. Dès lors que la respectabilité des femmes se mesure par leur retenue, elles engagent leur identité sociale dans les relations intimes qu'elles nouent[23].

À l'inverse, mais de façon analogue, le « salaud » est celui qui enfreint la retenue sexuelle des femmes. Dans les termes des utilisateurs et utilisatrices, c'est un homme « irrespectueux » qui « entube » ou « rend malheureuses » les femmes qui se « font avoir ». Le salaud n'est donc pas jugé d'après sa sexualité propre, mais en fonction de son comportement vis-à-vis de la sexualité des femmes. Autrement dit, la réprobation ne concerne pas la disponibilité sexuelle de l'homme mais son rapport à la prétendue disponibilité de ses partenaires. De même, à l'inverse de la « salope », la réputation de « salaud » disqualifie l'homme *en tant que partenaire* mais ne le dévalorise pas socialement. C'est parfois même le contraire : l'image de « salaud » peut être revendiquée vis-à-vis d'autres hommes.

Dans les deux cas, c'est donc la sexualité des femmes qui est en jeu. La « salope » et le « salaud » violent tous les deux la norme de la retenue sexuelle des femmes. Cette norme repose sur une vision différentialiste de la sexualité des hommes et des femmes selon laquelle ces dernières sont des sujets amoureux avant d'être des sujets sexuels[24]. Dans ce cadre, la sexualité non conjugale est perçue comme, et doit rester, une pratique désirée surtout par les hommes et subie par les femmes. Cette conception des choses – que seuls les hommes apprécient réellement « le sexe pour le sexe » – sous-tend bon nombre de discours sur les rencontres en ligne. C'est l'idée que le caractère éphémère des relations se ferait nécessairement au détriment des utilisatrices qui, elles, voudraient « toujours plus ». Si cette dissymétrie des désirs existe – surtout à certains âges, comme nous l'avons vu dans le chapitre 2 –, elle ne caractérise pas l'hétérosexualité

23. Beverley Skeggs, *Formations of Class and Gender. Becoming Respectable*, Londres, Sage Publications, 1997.
24. Bajos, Ferrand et Andro, « La sexualité à l'épreuve de l'égalité ».

dans son ensemble. De nombreuses utilisatrices nouent des relations sexuelles, et non seulement dans l'espoir de vivre une grande histoire. Pourtant, l'inégalité des désirs devient une injonction et une morale : « Il s'agit pour les filles de ne pas "vouloir pareillement" », comme le dit très justement Isabelle Clair[25].

Qu'elles envisagent une relation longue ou qu'elles souhaitent vivre plutôt des histoires éphémères, nombre de femmes affichent donc une image « sérieuse » sur Internet. Cela consiste notamment à refuser de la sexualité non conjugale dans le profil, en affichant des mots d'ordre tels que « pas de plan cul ». Si une partie des utilisateurs et des utilisatrices annoncent à l'inverse « pas de sérieux » ou « cherche plan cul », cette pratique reste rare. Plus répandue parmi des hommes, elle n'est pas forcément bien perçue. Comme l'explique Camille, « les meufs ne font pas trop ça, mais les mecs ils font "je ne cherche pas de trucs sérieux". Laisse tomber. Je ne dis pas que je cherche un truc sérieux, mais je trouve que de mettre ça dans sa description, ça fait pitié » [Camille, 22 ans, étudiante. Parents : chefs d'entreprise]. La posture explicitement sexuelle rebute en effet de nombreuses utilisatrices interviewées, décrite souvent comme une attitude irrespectueuse. De même, les approches trop explicites lors de l'échange écrit sont souvent ignorées ou déboutées :

> Il y a vraiment des mecs qui disent direct, même pas « salut ça va ? », mais « ça te dirait de t'amuser ? », c'est vraiment cash. Après je sais qu'a priori il y a des filles qui répondent oui, parce que sinon ça n'existerait pas, ça ne matcherait pas, mais moi ce genre d'approche, c'est mort [Justine, 21 ans, étudiante. Parents : cadre et profession intermédiaire du privé].

Nouvellement séparée, Justine vit une période où elle fait l'expérience de nombreuses relations courtes qu'elle appelle

---

25. Clair, « Le pédé, la pute et l'ordre hétérosexuel », *loc. cit.*, p. 73.

des « CDD ». Utilisatrice d'une application, elle rencontre plusieurs hommes et souhaite « s'amuser » mais refuse en revanche qu'on l'aborde explicitement dans cet objectif. La citation illustre, comme beaucoup d'autre récits d'utilisatrices, que c'est l'*approche* et non la *nature de la relation* qui est en jeu. L'image chaste que mettent en avant les utilisatrices ne traduit pas nécessairement un refus de rencontres occasionnelles mais le refus d'être *abordée* de façon explicitement sexuelle. Loin d'être une hypocrisie – dont les utilisateurs accusent pourtant régulièrement les utilisatrices –, cette posture a des fonctions très concrètes et répond à des codes de conduite dans lesquels sont pris les échanges hétérosexuels.

La norme de la réserve féminine

Fort sur les services hétéro-orientés – alors qu'il est absent de l'entre-soi masculin des sites et applications gays –, l'implicite sexuel s'inscrit plus généralement dans la norme de la *réserve féminine*. Cette norme, qui a trait à la sexualité des femmes, conditionne les comportements des deux sexes. Pour les femmes, non seulement elle implique d'afficher une image pudique et de refuser des avances explicites, mais elle consiste, plus largement, à faire preuve de tempérance dans les interactions avec les hommes. En premier lieu, cela veut dire ne pas faire le premier pas. Contrairement à une idée reçue, selon laquelle l'anonymat en ligne permettrait aux deux sexes de passer outre les codes de conduite qui leur sont traditionnellement assignés, les rôles de genre se trouvent bien souvent exacerbés sur Internet.

Ce sont donc les hommes qui initient généralement les contacts. Cette initiative masculine est un véritable principe organisateur des rencontres en ligne qui structure toutes les étapes de l'échange. Il revient souvent aux hommes d'à la fois rechercher des partenaires potentiels, signaler leur intérêt, prendre le premier contact, animer les interactions, proposer de se voir hors ligne et éventuellement

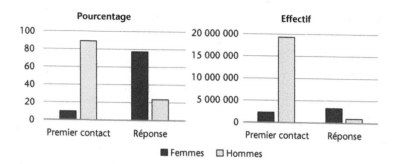

Illustration 12. **Sex-ratio des expéditeurs de premiers contacts et de réponses sur Meetic**

Champ : l'ensemble des premiers contacts et des premières réponses (envoyées en retour) sur Meetic en 2014. Source : base d'utilisateurs de Meetic.fr, Meetic Group, 2014.

prendre l'initiative de se revoir. Cette tendance est nette en France comme dans d'autres pays[26]. Elle est bien visible sur Meetic où les utilisateurs envoient bien plus de messages que ne le font les utilisatrices : sur ce site, neufs contacts sur dix sont initiés par un homme (illustration 12). À l'inverse, un peu moins de 8 réponses sur 10 sont envoyées par des utilisatrices. Autrement dit, lui écrit et elle répond… parfois. Derrière cette tendance s'en cache en effet une autre : les hommes contactent beaucoup de femmes pour peu de retours.

Les tendances sont les mêmes sur les applications mobiles, comme l'assure Bertrand en regrettant que « le comportement des meufs sur Tinder, c'est "estime-toi heureux déjà

26. Andrew T. Fiore *et al.*, « Who's Right and Who Writes. People, Profiles, Contacts, and Replies in Online Dating », 43rd Hawaii International Conference on System Sciences (HICSS), Honolulu, 5-8 janvier 2010 ; Jan Skopek, Florian Schulz et Hans-Peter Blossfeld, « Who Contacts Whom ? Educational Homophily in Online Mate Selection », *European Sociological Review* 27, n° 2, 2011 ; Günter Hitsch, Ali Hortacsu et Dan Ariely, « Matching and Sorting in Online Dating », *The American Economic Review* 100, n° 1, 2010.

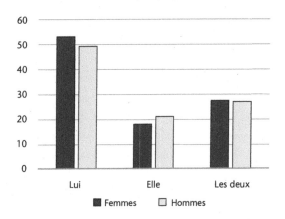

Illustration 13. **Personne à l'initiative du premier rendez-vous hors ligne selon le sexe (%)**
Champ : relations amoureuses importantes nouées en France sur des sites de rencontres entre 2005 et 2013.
Source : enquête « Épic », Ined-Insee, 2013-2014.

qu'on ait un match, maintenant tu dois me séduire et moi je ne vais faire aucun effort" » [Bertrand, 22 ans, étudiant. Parents : chef d'entreprise et ouvrier]. Cette norme masculine est particulièrement forte dans le cas du premier contact, mais elle concerne aussi la décision de se voir hors ligne comme le montre l'enquête « Épic ». Parmi les personnes ayant noué une relation amoureuse importante via un site de rencontres, la moitié affirment que c'était l'homme qui avait proposé de se voir « en vrai », suivi de l'affirmation que c'était une décision commune alors que seule une personne sur cinq déclarent que c'était une initiative féminine (illustration 13). Les femmes et les hommes sont remarquablement d'accord à ce sujet : les déclarations ne diffèrent pratiquement pas entre les sexes.

Cette initiative masculine – corollaire de la réserve féminine – fournit la trame de la séduction hétérosexuelle. Si certains hommes peuvent s'en plaindre – dans la mesure où le rôle de l'initiateur est souvent une position laborieuse et peu flatteuse –, c'est aussi une source de plaisir. Comme l'explique un utilisateur, la séduction est un jeu de « chaud et froid » où il revient aux femmes de temporiser tandis que, pour les hommes, l'enjeu consiste à faire « tomber les barrières » [Sébastien, 29 ans, consultant]. Loin d'être une entrave à la rencontre, la réserve féminine participe au contraire à créer de la tension sexuelle. Elle constitue à ce titre un élément essentiel du jeu de séduction hétérosexuelle, appréciée notamment par les hommes. C'est le cas de Thomas qui revient ici sur sa gêne face aux initiatives féminines et, à l'inverse, l'excitation que lui procure les femmes « qui le fuient » :

> — **Tu disais qu'une fille qui allait trop envers toi, ça te faisait même peur ?**
> — Oui. Moi, je peux le faire mais si quelqu'un me le fait, effectivement ça me... [...]. J'ai toujours aimé les filles qui me fuyaient. Alors moi, je cours derrière les filles qui me fuient. Je suis comme un gamin [sourire]. C'est-à-dire que c'est un défi, c'est un truc que je n'accepte pas. D'une certaine manière ça doit revenir à ça [Thomas, 21 ans, étudiant. Parents : profession intellectuelle supérieure et chef d'entreprise].

Cette « division du travail » dans la séduction hétéro-sexuelle, où les hommes sont invités à occuper le premier rôle et les femmes à adopter une attitude attentiste, n'est donc pas vécue forcément comme une contrainte par les hommes. Au contraire, elle est souvent entretenue car prisée. La réserve féminine traduit un défi qui rend les femmes désirables. À l'inverse, une trop grande disponibilité instaure gêne ou désintérêt. Lorsque la retenue sexuelle des femmes ne se manifeste pas, le rituel de la séduction se trouve parfois déstabilisé :

> — **C'était le jour même [le premier rendez-vous hors ligne] ?**
> — Ouais, ça s'est fait le soir même ouais. Je me souviens, parce qu'elle m'avait proposé. Donc on avait discuté et tout ça, super soirée, et puis en sortant [du bar] elle dit « on va baiser ? », ce qui m'a complètement déstabilisé.

> Donc du coup j'ai fait « Ouais ouais » [prend voix faussement courageuse], genre « ouais ouais ». J'ai essayé et en fait on n'a pas réussi. Je n'ai pas réussi à bander parce que j'étais trop impressionné en fait. Donc, on n'a pas réussi. Elle était sympa, elle m'a offert une seconde chance où ça a pu se passer [Éric, 37 ans, chef de projet en informatique].

Cet utilisateur décrit ici une rencontre qui se distingue fortement des expériences qu'il a pu avoir par ailleurs. La femme rencontrée en ligne prend rapidement l'initiative d'un premier rendez-vous au bout duquel elle propose qu'ils aient des rapports sexuels. Déstabilisé par cette initiative féminine, et par son caractère explicite qui sort de l'ordinaire, il n'arrive pas à aller au bout des rapports. Se mêlent alors des sentiments ambivalents envers cette femme qu'il décrit à la fois comme une « bombe » et comme une « barge » : « Elle me terrifiait quoi, enfin elle me faisait un petit peu peur » [Éric, 37 ans]. L'initiative féminine, et plus généralement l'absence de réserve, casse ici la trame de la séduction. Elle a un effet déstabilisant sur la rencontre et rend difficile la création d'une situation sexuelle. Contrairement à une idée courante, l'invite sexuelle, lorsqu'elle émane des femmes, ne trouve donc pas nécessairement réponse. Inhabituelle et surprenante, elle suscite plus souvent méfiance et réticence. C'est aussi le cas de Colin qui raconte ici une expérience qu'il considère très étrange où une femme lui a fait une invite explicitement sexuelle. Tellement rare qu'elle est jugée improbable, elle ne donne pas lieu à une suite :

> J'ai eu une expérience, si tu veux que je la raconte, c'est un vrai truc de barge. C'était un match avec une photo d'une nana plutôt jolie, l'âge était masqué, aucune info. [...] J'étais intrigué parce que c'était mystérieux et, au bout d'un moment, elle a coupé court à la discussion, elle m'a fait « tu cherches quoi sur Tinder ? ». Là je me suis dit « étrange ». J'ai dit « rien de sérieux en particulier ». Elle m'a répondu « ça tombe bien, moi non plus, t'es dispo ce soir ? » Je me suis dit « *what !* Qu'est-ce que c'est que ça ? » Je ne sais pas si je l'aurais fait parce que ça aurait

été trop bizarre. [...] J'ai été profondément choqué par cette expérience, enfin choqué c'est un bien grand mot, mais j'ai halluciné. [...] Je pense que c'est une légende la nana qui fait « salut tu veux qu'on couche ensemble, tu veux coucher avec moi ? » Dans l'autre sens, c'est une vérité, c'est-à-dire qu'il y a des mecs qui sont des vrais fous furieux, ça j'en doute pas [Colin, 22 ans, étudiant. Parents : employés du privé].

La réalité est moins binaire que ne le dit Colin. Il existe bien sûr des femmes qui prennent l'initiative sur Internet et se montrent entreprenantes sexuellement, de même que certains hommes sont très prudents. Il n'empêche que les *images sociales* de la féminité et de la masculinité sont relativement convenues, sur Internet comme ailleurs, et que les interactions sont pour leur majorité régulées par cette double norme d'initiative masculine et de réserve féminine. Dans ce contexte, la posture entreprenante des femmes déroge au script qui organise la séduction hétérosexuelle : elle renverse les rôles que les deux sexes sont traditionnellement invités à y tenir. Cette dérogation au scénario habituel rend non seulement la femme suspecte mais instaure chez les hommes une incertitude quant au sens à donner à la situation et au comportement à adopter. Dans les deux récits présentés ci-dessus, c'est finalement la posture sexuellement active des femmes qui empêche la relation de devenir sexuelle. Le comportement de l'interlocutrice et, plus généralement, le déroulement de la rencontre font que les hommes ne veulent pas, ou ne savent pas, y donner suite. Avec ces femmes, en effet, les hommes ont « du mal à gérer », comme l'ajoute plus tard Éric [37 ans]. Loin d'être une entrave à la sexualisation des relations, la réserve féminine en est souvent une condition.

Si la dérogation à cette réserve rend les femmes suspectes, elle peut aussi se traduire par une perte de contrôle sur le déroulement ultérieur de la rencontre. En se montrant disponibles, les femmes risquent d'être perçues comme *inconditionnellement* disponibles : n'affichant pas la réserve que l'on attend d'elles, elles sont considérées comme sans réserve. C'est ainsi que, sur les sites et les applications, laisser l'initiative à l'homme, c'est aussi une manière de préserver le contrôle sur la suite des interactions. C'est ce qu'explique cette jeune utilisatrice :

> Ce n'est jamais moi qui fais le premier pas ! Je pourrais mais je ne le fais pas. C'est la peur en fait. Qu'il va vouloir quelque chose. Je me dis que si je fais le premier pas, j'engage quelque chose qui peut amener à quelque chose. Donc, au final, je préfère que les gens viennent vers moi [Jennifer, 23 ans, étudiante. Parents : ouvriers].

Pour les femmes, faire preuve de réserve, ce n'est pas simplement un enjeu d'image de soi ou un rôle à tenir dans le jeu de la séduction. C'est aussi une stratégie pour dégager un espace de négociation quant à la nature à donner à la relation naissante. Adopter une attitude attentiste permet aux femmes de mieux faire valoir leurs désirs et, plus précisément, de faire valoir le refus d'une suite. Cette stratégie est intimement liée à la question de la respectabilité des femmes. Elle s'inscrit dans un rapport de force entre les partenaires où la volonté des femmes a d'autant plus de chances d'être prise en considération qu'elles se conforment à ce qui est considéré comme une femme « normale » et respectable. Se montrer trop active, et donc trop « facile », c'est au contraire réduire les marges de manœuvre lors de la négociation des rapports sexuels. Dans la réserve féminine se loge aussi cette crainte de se voir imposer des relations sexuelles. Les rencontres sur les sites et les applications se déroulent dans l'ombre de la violence masculine.

L'ombre de la violence masculine

Une femme sur sept en France a connu une agression sexuelle[27]. Dans l'écrasante majorité des cas, l'agresseur est

---

27. C'est le cas de seulement un homme sur vingt-cinq, c'est-à-dire 3,9 % des hommes contre 14,5 % des femmes. Christelle Hamel *et al.*, « Viols et agres-

un homme. Cette violence masculine envers les femmes – en tant qu'épouses, copines, sœurs, filles, collègues, amies ou simples inconnues – est une expérience constitutive de la condition de femme dont la crainte n'affecte pas seulement celles qui ont vécu des agressions. On constate une conscience collective des femmes à leur exposition aux violences des hommes. Dans son étude sur la peur des femmes dans l'espace public, Marylène Lieber montre comment cette conscience est constamment réactualisée par l'expérience ordinaire, voire quotidienne, de situations menaçantes qui sont ressenties comme une violence potentielle : ce sont des commentaires, des interpellations, des insultes et des menaces que rencontrent les femmes de la part des hommes, notamment dans la rue[28]. Bien que ces événements se transforment rarement en agressions, les femmes ne peuvent jamais en être sûres et se doivent par conséquent d'être sur leurs gardes : « Les femmes sont exposées de façon permanente à l'éventualité des violences (notamment sexuelles) et gardent constamment à l'esprit le fait qu'elles risquent d'être agressées[29]. » La violence en vient donc à être une menace omniprésente.

Bien que les agressions sexuelles se produisent surtout dans des cadres privés – c'est le cas pour trois femmes sur quatre ayant subi un viol ou une tentative de viol par exemple[30] –, ce sont surtout les espaces publics qui attisent les peurs. C'est vrai pour la rue, souvent perçue et vécue comme un lieu où les femmes courent « presque "par nature" » des risques et où elles doivent par conséquent faire une attention particulière[31]. Il faut prendre au sérieux ce sentiment d'insécurité qui – fondé sur des remarques et des rappels à l'ordre bien réels –

---

sions sexuelles en France. Premiers résultats de l'enquête Virage », *Population et sociétés*, n° 538, 2016.

28. Marylène Lieber, *Genre, violences et espaces publics. La vulnérabilité des femmes en question*, Paris, Presses de Sciences Po, 2008.

29. *Ibid.*, p. 46.

30. Hamel *et al.*, « Viols et agressions sexuelles en France », *loc. cit.*

31. Lieber, *Genre, violences et espaces publics, op. cit.*, p. 213.

conditionne les pratiques des femmes et notamment leur accès à la sexualité. Les rencontres en ligne en témoignent.

En effet, de la même manière que le simple fait de marcher seule la nuit est considéré comme un comportement à risque pour les femmes, rencontrer des hommes inconnus sur Internet est perçu comme une pratique potentiellement dangereuse. Selon les utilisateurs comme les utilisatrices, Internet est un lieu où œuvrent avec prédilection des hommes malintentionnés, désignés alternativement comme des « pervers », des « barges », des « malades », des « psychopathes » ou des « tarés » et dont il faudrait savoir se protéger. Le danger perçu réside en ce qu'il pourrait justement s'agir de « n'importe qui ». Dans les termes d'Agathe, « Tinder, c'est comme si tu chopais n'importe qui dans la rue, il peut te mytho [te mentir] sur son profil, c'est dangereux » [21 ans, étudiante. Mère : employée du privé. Père : inconnu]. Il incombe alors aux femmes de prendre des précautions. Les conseils à ce sujet sont nombreux, dictés entre autres par les services de rencontres, et évoqués souvent par les utilisatrices :

> J'ai beau avoir une sexualité qui pourrait paraître volage, je suis quand même très prudente sur les hommes avec qui je décide d'aller plus loin et avec qui je décide de passer un moment intime. [...] Il ne faut pas se leurrer, il y a des gros barges. Et puis tu as certaines précautions à prendre quand tu rencontres quelqu'un sur Internet. Chaque fois avant de rencontrer quelqu'un, je préviens un de mes amis, en disant « je vais à un rendez-vous, voilà. Si je ne t'appelle pas dans une heure, tu commences à t'inquiéter ». Donc je lui dis où je suis. Alors, je rencontre toujours dans un lieu public. Forcément. C'est une précaution. Donc, il y a toujours quelqu'un qui sait exactement où je suis. Et qui attend mon appel « ok, ça se passe bien » [Virginie, 29 ans, assistante sociale].

Ce code de conduite, propre aux utilisatrices, les femmes le connaissent par cœur. Présenté comme relevant du « bon sens », il comporte aussi une notion d'obligation, exprimée par le verbe *falloir* : sur Internet, « il faut être prudente »,

« il faut faire attention » et il y a des choses qu'« il ne faut absolument pas faire ». Cette notion traduit d'abord le sentiment d'évidence de la violence : le caractère potentiellement dangereux des hommes paraît aussi naturel que l'est parallèlement la vulnérabilité des femmes[32]. Cela explique que le spectre de la violence masculine fait rarement l'objet de critiques ou de contestations, tant il est naturalisé et paraît aller de soi. Il reviendrait aux femmes de s'en prémunir et d'en assumer les conséquences : face aux risques, la responsabilité leur incomberait.

Or la notion d'obligation traduit aussi l'idée d'une précaution « obligatoire ». La prudence est une attente sociale. Qu'elles aient peur ou non, et qu'elles anticipent ou pas des dangers, on attend des femmes qu'elles soient prudentes dans leurs interactions avec les hommes. Conscientes de ces prescriptions, les utilisatrices listent les « choses à faire et à ne pas faire » sans toujours appliquer ces règles. Se montrer prudente, voire défensive vis-à-vis des hommes, c'est en effet se montrer *responsable*.

La précaution traduit donc une morale sexuelle. Cette morale concerne d'ailleurs les hommes également. Car plus que les femmes n'appliquent les « règles de sécurité », ce sont en fait les utilisateurs qui le font pour elles. C'est d'autant plus le cas que le partenaire masculin a l'initiative de la rencontre. Ainsi, c'est souvent lui qui donne ses coordonnées sans demander celles de la femme : « pour sécuriser le truc, je donne *mon* numéro de téléphone » [Sébastien, 29 ans, consultant]. De même, les hommes diffèrent le premier rendez-vous afin de montrer leurs bonnes intentions : « L'idée sur Internet, c'est d'avoir quand même quelques échanges pour mettre en confiance, par rapport au fait que vous n'êtes pas un taré total » [Luc, 48, ans, éditeur].

Cette attitude protectrice des hommes, souvent déconnectée des risques effectifs, prend une forme rituelle et s'ins-

---

32. *Ibid.* ; Colette Dowling, *Le Mythe de la fragilité. Déceler la force méconnue des femmes*, Montréal, Le Jour, 2001.

crit pleinement dans le jeu de la séduction. Le sociologue interactionniste Ervin Goffman montre bien comment la mise en scène ordinaire des relations de genre participe à institutionnaliser les inégalités de sexe. Prenant pour objet la galanterie masculine, il souligne qu'elle repose sur une représentation de la faiblesse des femmes dont il s'ensuit que « les hommes auront l'obligation de s'interposer et de les aider (ou de les protéger)[33] ». Cette mise en scène quotidienne de la fragilité féminine réactualise, et justifie, les rapports de pouvoir entre les sexes. De la même manière, les précautions prises à l'égard des femmes sur Internet scénarisent (et donc reproduisent) leur vulnérabilité. Les mesures de sécurité prônées en ligne – qui ont pour objet les femmes et pour motif la dangerosité des hommes – véhiculent une éthique de responsabilité qui, de nouveau, somme les femmes de faire preuve de réserve dans le domaine de la sexualité.

Mettre en avant ce caractère ritualisé des précautions manifestées par les femmes, et par les hommes vis-à-vis d'elles, ce n'est pas relativiser l'exposition réelle des femmes aux violences des hommes ou leurs craintes vis-à-vis de ces violences. C'est souligner, d'une part, que la violence faite aux femmes est présente dans le jeu de la séduction. Les rituels autour de la sécurité des utilisatrices fonctionnent ainsi comme un rappel permanent aux femmes que la violence est toujours un horizon possible dans leurs interactions avec les hommes. C'est insister, d'autre part, sur le fait que les femmes sont intimées à la réserve dans la négociation des relations sexuelles, faute de quoi elles sont jugées irresponsables. Qu'elles craignent ou non des violences à leur égard, on attend d'elles qu'elles se montrent prudentes lorsqu'elles s'engagent dans des relations intimes. Ainsi, la menace de la violence – menace effective mais aussi menace mise en scène – participe au contrôle social de la sexualité des femmes. Elle interdit une hypothétique banalisation du sexe sur Internet qui ne peut avoir lieu tant que la sexualité reste,

---

33. Goffman, *L'Arrangement des sexes*, *op. cit.*, p. 67.

pour les femmes, un lieu de violence brandie, crainte et
vécue.

* * *

Les rencontres en ligne ne relèvent pas d'une « révolution sexuelle ». Elles s'inscrivent dans des évolutions de long
terme qu'elles prolongent activement. Ces changements, ce
sont d'abord l'autonomie croissante de la sexualité vis-à-vis
de la conjugalité. Non seulement les rapports sexuels interviennent désormais tôt dans les relations – souvent bien
avant que les partenaires se considèrent « en couple » –,
mais les cadres de l'hétérosexualité sont devenus plus divers.
Étroitement associée à la conjugalité pour une majorité de
femmes et d'hommes jusqu'à récemment, la sexualité se
conjugue aujourd'hui selon des formes multiples : « couples »,
« relations sérieuses », « aventures », « plans cul », « *sex friends* »
et « coups d'un soir »… Faiblement institutionnalisées, ces
relations sont définies par ce que Sharman Levinson appelle
des « histoires de référence », c'est-à-dire des scripts culturels permettant de nommer et de distinguer les expériences
en fonction du lieu de la rencontre, des caractéristiques du
partenaire et de la trame des interactions[34]. Les rencontres
en ligne participent pleinement à cette diversification des
relations intimes.

Elles participent aussi à un déplacement des instances de
contrôle de la sexualité. En perte de vitesse depuis le milieu
du siècle dernier, les autorités traditionnelles (dont l'Église
et la famille en premier lieu) n'ont pas laissé le champ vide.
Comme le souligne Michel Bozon, avec le retrait des tutelles
habituelles « les normes en matière de sexualité se sont mises
à proliférer plutôt qu'à faire défaut[35] ». Les nouveaux entrepreneurs de morale sont multiples (école, médias et monde de

---

34. Levinson, « Les "histoires de référence" », *loc. cit.*
35. Michel Bozon, « La nouvelle normativité des conduites sexuelles ou la
difficulté de mettre en cohérence les expériences intimes », *in* Jacques Marquet

la santé…) mais leur force d'imposition est plus diffuse : plus que des interdits, ils prônent des modèles d'accomplissement de soi qui appellent à la responsabilité des individus[36]. Au contrôle vertical s'est donc substitué un contrôle horizontal de la sexualité, mais aussi une plus forte intériorisation des attentes sociales.

Les sites et les applications prolongent cette évolution. Dissociés des cadres de sociabilité, ils permettent de réaliser des rencontres non seulement loin du regard de la famille mais aussi à l'insu des pairs. Alors que les réseaux de sociabilité (amis, famille, collègues et connaissances) jouent tradition-nellement un rôle important dans les rencontres, l'entourage est désormais court-circuité dans l'accès aux partenaires et privé de contrôle sur les relations naissantes. De la même manière que l'autonomie sexuelle acquise par les jeunes dans les années 1960 avait profité en premier lieu aux femmes – tandis que les hommes étaient depuis longtemps autorisés, voire incités, à s'initier dans le domaine de la sexualité[37] –, la discrétion des rencontres en ligne est sensible en premier lieu pour les femmes pour qui elle traduit une ouverture du champ des possibles. À l'abri des regards environnants, elles accèdent plus facilement à une sexualité *pour soi*.

Ce déplacement, aussi net soit-il, ne traduit pas une émancipation ou une échappatoire à la morale sexuelle. Il s'agit bien d'un déplacement des modes de régulation de la sexualité et non de leur disparition. Car si le contrôle extérieur diminue sur Internet, le contrôle intériorisé est renforcé. Dès lors que les femmes et les hommes bénéficient d'une certaine liberté sexuelle, on attend plus que jamais qu'ils en fassent « bonne gestion » et qu'ils se montrent responsables. En témoignent les tergiversations des utilisa-

(dir.), *Normes et conduites sexuelles. Approches sociologiques et ouvertures pluridis-ciplinaires*, Louvain-la-Neuve, Academia Bruylant, 2004, p. 16.

36. *Ibid.*

37. Michel Bozon, « Autonomie sexuelle des jeunes et panique morale des adultes », *Agora débats/jeunesses*, n° 60, 2012.

teurs qui scrutent en permanence leurs propres pratiques pour en juger le bien-fondé et la conformité à leurs idéaux et leurs valeurs. Ce sont des pratiques d'auto-évaluation, de correction et d'autocensure qui sont courantes aussi bien chez les hommes que chez les femmes. Les utilisateurs font ainsi la « modération » de leur propre usage. Cela revient notamment à arrêter définitivement ou temporairement les services de rencontres : les suspensions d'usage sont courantes tout comme les périodes de pause. Cette autorégulation de l'accès aux services prend la forme de « bonnes résolutions » que l'on prend pour « tout arrêter », « moins rencontrer », « mieux se maîtriser » afin de davantage « s'écouter » et « se respecter » comme l'expriment les utilisateurs. Face à ce qui paraît parfois comme une consternante facilité d'accès à la sexualité, il revient plus que jamais à chacun de définir pour lui-même une sexualité pour soi, une « juste mesure ». Les rencontres en ligne illustrent par excellence cette exigence contemporaine qui fait du gouvernement de soi le mode principal de régulation de la sexualité.

Conclusion

Le message est d'une simplicité étonnante au vu de sa portée mondiale. Publié sur un site de réseaux sociaux en octobre 2017, il ne comporte que deux mots : *me too*. La suite de l'histoire est connue. Elle prend la forme d'une mobilisation de femmes massive, rapidement devenue un mouvement planétaire. Dénonciation du harcèlement sexuel, des violences faites aux femmes et du sexisme ordinaire, les prises de parole ont placé sous le feu des projecteurs les inégalités de genre qui s'expriment dans et par la sexualité. Connus depuis longtemps, vécus quotidiennement par de nombreuses personnes, les actes sexistes sont maintenant pour partie dénoncés publiquement. La force du mouvement a surpris tant les hommes que les femmes. Comment l'expliquer ? Comment rendre compte de ces coups d'accélérateur de l'histoire ? La question se pose avec une acuité particulière pour la vie intime qui a connu des transformations profondes en peu de temps.

Les sites et les applications de rencontres sont là pour en témoigner. Apparus aux États-Unis dans les années 1990, et rapidement exportés vers l'étranger, ils revendiquent aujourd'hui plusieurs millions d'utilisateurs à travers le monde. Alors que le recours à ces services a souvent été, comme en France, une pratique historiquement marginale et stigmatisée, il est devenu un élément commun de l'expérience célibataire contemporaine. Le tabou s'est transformé en us, et cela en moins de quinze ans. À ce titre, ces services constituent un fabuleux observatoire du changement social. Par la manière dont ils réorganisent la rencontre, tout d'abord, ils renseignent sur les permanences et les transformations de l'hétérosexualité. En tant que phénomène inédit, ensuite, ils permettent de revisiter à nouveaux frais l'histoire de la vie intime.

La double privatisation de la rencontre

Le mouvement historique qu'incarnent les sites et les applications est avant tout une *privatisation* de la rencontre. Cette notion renvoie au désencastrement des rencontres amoureuses et sexuelles d'avec d'autres sphères sociales, dont elle souligne deux logiques différentes.

La privatisation revêt d'abord un sens économique et désigne alors une extension du marché. Pour se nourrir, s'habiller, travailler, organiser les vacances et, de plus en plus, pour faire le ménage et laver les vêtements, nous avons pris l'habitude de recourir à des entreprises privées. Pour se rencontrer, en revanche, les réticences ont longtemps été fortes. Le recours à des services de rencontres ne s'est diffusé que tardivement avec les sites et les applications sur Internet. Ces derniers participent ainsi – dans le sens le plus littéral du terme « désencastrement » proposé par Karl Polanyi[1] – à l'émergence d'un secteur économique dissocié des relations sociales ordinaires. Loin d'être spécifique à la rencontre, cette extension du marché concerne de nombreux domaines de la vie sociale, et les nouvelles technologies y ont joué un rôle important. Car les pratiques numériques ont déplacé les frontières économiques. Désormais omniprésentes et structurantes de la vie quotidienne, elles sont le plus souvent organisées par des plateformes privées qui, de cette façon, ont investi jusqu'aux sphères les plus personnelles. Si la poussée de cet entrepreneuriat de l'intime est inédite, le mode opératoire l'est beaucoup moins. Caractérisées par un fort mimétisme,

---

1. Polanyi, *La Grande Transformation, op. cit.*

par une segmentation du marché et par un usage stratégique des stéréotypes de genre, les pratiques des entreprises
en question sont un cas d'école de pratiques de marketing et
de stratégies économiques des plus classiques. C'est seulement
en délaissant l'usage métaphorique du marché que l'on peut
saisir cette « économie réelle » des services et leurs principes
de fonctionnement.

Si l'apparition de ce nouveau secteur économique a de
nombreuses implications, ce ne sont pas forcément celles
que l'on croit. L'idée d'une « marchandisation » des relations
intimes revient souvent dans le débat public. Illustrative de
la réprobation que suscitent les services de rencontres, cette
critique rate pourtant en partie sa cible. Car, plutôt qu'elle ne
vise le marché, elle pointe souvent l'explicitation des enjeux
de la rencontre. En effet, sur les sites et les applications, on
sait pourquoi on est là, on se présente sous son meilleur
jour et on choisit des partenaires potentiels parmi plusieurs
possibilités. Ces logiques ne sont pas absentes des rencontres
ordinaires, mais elles y sont bien plus feutrées. C'est tout
particulièrement le cas pour la population hétérosexuelle
dont les pratiques de séduction sont caractérisées par une
norme de l'implicite et une certaine ambiguïté. Sur Internet,
en revanche, les réalités et les inégalités de la rencontre sont
exposées au grand jour. Elles sont bien perceptibles pour
les usagers : certains ont du succès, d'autre non ; l'amour
n'est pas aveugle, la sexualité non plus. Il ne s'agit pas là
de vérités nouvelles mais de tendances, déjà existantes, que
les nouveaux services accentuent et rendent visibles. Bien
souvent, la critique de la « marchandisation » cible en réalité
cette *explicitation* des termes de la rencontre, dont l'effet
d'objectivation peut paraître parfois brutal. Sur Internet en
effet, l'hétérosexualité se trouve mise à nu.

La véritable originalité des sites et des applications est
pourtant à chercher ailleurs et réside plutôt dans leur insularité.
C'est la *privatisation* de la rencontre au sens d'une transformation de la sociabilité. Elle désigne une dissociation entre les
lieux où l'on recrute des partenaires, d'une part, et les cadres

de la sociabilité ordinaire (études, travail, soirées et loisirs), d'autre part. Cloisonnés par rapport à ces autres contextes d'interaction – et accessibles depuis le foyer –, les sites et les applications organisent des rencontres « en tête à tête » et en toute discrétion. Il s'agit là d'une privatisation aux trois sens du terme qu'Olivier Schwartz identifie dans la notion polysémique de « privé ». En premier lieu, les rencontres en ligne relèvent en partie « du secret, de l'intime, du protégé et du caché : à quoi s'oppose le public en tant que sphère du visible[2] ». C'est la discrétion des rencontres sur Internet qui se déroulent à l'abri des regards environnants. Ensuite, le terme renvoie aussi à l'idée d'un « monde propre », coupé du collectif, qui ne concerne que l'individu. La manière dont les jeunes utilisateurs isolent leurs expériences amoureuses et sexuelles par rapport aux contextes amicaux – évitant à tout prix l'interconnaissance avec les partenaires potentiels que les applications cherchent à mettre en évidence – exprime bien cette dimension d'une sphère personnelle par rapport à la vie du groupe. Enfin, le privé traduit aussi, comme le suggère Olivier Schwartz, un espace où l'on « peut s'autoriser à désirer et à prendre une marge d'écart par rapport à la norme[3] ». Notre enquête montre clairement que l'affaiblissement du contrôle extérieur ne se solde pas par un relâchement des comportements, mais plutôt par un contrôle intériorisé plus important. Pourtant, et sans succomber à l'image d'Épinal des sites et des applications comme un espace sexuel libre et sans limites, on constate que cet univers « privé » permet d'expérimenter. Dans les rencontres en ligne, et leur caractère souvent éphémère, s'exprime aussi cet exercice d'une sexualité pour soi.

La *privatisation économique*, au sens d'une extension du marché, et la *privatisation sociale*, au sens d'une transformation de la sociabilité, sont donc deux processus différents. Elles ne sont pas pour autant distinctes. Car c'est bien parce

---

2. Schwartz, *Le Monde privé des ouvriers, op. cit.*, p. 30.
3. *Ibid.*, p. 31.

qu'ils s'en remettent au marché que les usagers contournent la sociabilité ordinaire pour accéder aux potentiels partenaires. Les sites et les applications permettent ainsi de repenser la question de ce que le marché fait aux relations intimes. Alors que le « désencastrement » de l'économie est souvent abordé par ses aspects néfastes, ces services donnent l'occasion d'interroger en même temps les effets émancipateurs de ce processus.

Pour provocatrice qu'elle soit, cette perspective n'est pas nouvelle. Dans ses travaux sur l'histoire de l'homosexualité aux États-Unis, John D'Emilio souligne le rôle du capitalisme dans l'émergence de l'homosexualité comme identité sociale. La diffusion du travail salarial, notamment au cours du XIXᵉ siècle, s'est traduite par une indépendance accrue vis-à-vis de la famille d'origine, ce qui a permis aux personnes homosexuelles d'exister socialement : il est non seulement devenu possible de survivre économiquement en dehors de la famille hétéronormative, mais l'individualisation du travail et des ressources a favorisé l'affirmation d'une *identité* homosexuelle, c'est-à-dire la revendication d'un statut personnel[4]. À cela s'ajoute l'importance des commerces dans la sociabilité et la structuration des communautés homosexuelles comme les librairies, les saunas et surtout les bars dont certains, comme *Stonewall Inn*, en sont devenus emblématiques[5]. Ces exemples montrent les différentes façons dont le désencastrement de l'économie reconfigure les relations sociales. En laissant de côté l'indignation que suscite souvent l'emprise capitaliste, il devient possible d'étudier les changements *non économiques* qu'entraîne cette extension du marché.

Comme le montre le dernier chapitre, le processus de désencastrement qui se produit avec les sites et les applications a des

---

4. John D'Emilio, « Capitalism and Gay Identity », *in* Henry Abelove, Michèle Aina Barale et David M. Halperin (dir.), *The Lesbian and Gay Studies Reader*, New York, Routledge, 1993.

5. Jeffrey Escoffier, *American Homo. Community and Perversity*, Berkeley, University of California Press, 1998 ; Giraud, *Quartiers gays, op. cit.*

effets réels sur la sexualité. C'est particulièrement le cas pour les femmes dont les comportements sexuels continuent d'être jugés plus sévèrement que ceux des hommes. Bien qu'autorisées désormais à « expérimenter » et à vivre des histoires éphémères, les femmes n'échappent pas au double standard des sexes en la matière : le fait de multiplier les partenaires, ou simplement de manifester une grande appétence sexuelle, revient pour les femmes – contrairement aux hommes – à engager leur « réputation » et à s'exposer au stigmate de la « pute » et de la « fille facile ». Contrairement à ce que l'on dit parfois, ces normes de genre n'ont pas disparu. Elles expliquent en partie le succès des sites et des applications, notamment auprès de jeunes femmes, dès lors qu'ils permettent de gérer les expériences affectives et sexuelles « en privé ». Sur Internet, les femmes s'engagent plus facilement dans des relations « sans lendemain » ou dont le devenir est incertain.

Le désencastrement facilite donc l'accès à la sexualité. Les termes mobilisés pour décrire cette tendance – que ça soit l'« hypersexualisation », l'« hédonisme », la « fin de l'engagement » ou même la « mort de l'amour » – cachent mal l'inquiétude que fait naître la multiplication de partenaires sur Internet. Ils décrivent quelque chose qui serait perdu ou menacé (le couple) plutôt que quelque chose qui se réinvente (la sexualité) et soulignent à ce titre la persistance de la norme conjugale. Dans le cadre hétérosexuel surtout, mais non exclusivement, la sexualité en soi – c'est-à-dire déconnectée des liens affectifs – est toujours considérée comme une pratique problématique en Occident. C'est le cas en particulier pour les femmes dont on pointe régulièrement les dangers et les pièges de la sexualité en ligne : le caractère éphémère des relations est souvent décrit comme un nouveau lieu de domination masculine. Cela revient à considérer la sexualité en soi comme un privilège masculin. L'enquête empirique, délaissant les considérations normatives, conduit plutôt au constat que ces services constituent désormais un lieu de socialisation des femmes à la sexualité comme plaisir en soi.

L'histoire sociale d'une pratique inédite

C'est donc parce que les sites et les applications changent le *cadre* de la rencontre qu'ils font bouger les scénarios amoureux et sexuels. L'enquête mise en œuvre souligne le rôle de ces facteurs contextuels et matériels pour expliquer le succès et les usages des services en question. Ce faisant, elle propose une autre histoire des rencontres en ligne. Mais elle interroge aussi la manière de faire l'*histoire sociale* de la vie intime. Alors que c'est généralement un renversement idéologique qui est invoqué pour rendre compte de cette nouvelle pratique, ce livre plaide pour une lecture matérialiste des transformations récentes de la vie amoureuse et sexuelle.

Il est vrai que la sexualité et le couple sont des domaines de la vie où les images de la « normalité » et de son négatif (la déviance, la perversion et l'amoralité) sont fortes. Aussi les travaux sur la vie intime accordent-ils une grande importance aux normes et à leur pouvoir d'action. Selon la définition communément admise en sociologie, ici formulée par Erving Goffman, « une norme est une sorte de guide pour l'action soutenue par des sanctions sociales ; les sanctions négatives pénalisent l'infraction, les sanctions positives récompensent la conformité exemplaire[6] ». On explique souvent les pratiques amoureuses et sexuelles ainsi, par le prisme de codes de conduite auxquels les gens se conforment, et qui s'expriment aussi bien par des injonctions que des aspirations. C'est aussi de cette façon que l'on décrit le changement social. Celui-ci, tout particulièrement lorsqu'il touche à la vie privée, est justement compris comme le produit de nouvelles normes. La diffusion de comportements nouveaux – comme les rencontres en ligne – aurait donc pour origine une mutation des systèmes de valeurs.

Dans les sciences sociales, ce mode de raisonnement est courant. Les démographes parlent d'une « deuxième transi-

---

6. Erving Goffman, *La Mise en scène de la vie quotidienne*, tome 2 : *Les Relations en public*, Paris, Minuit, 1973, p. 101.

tion démographique », expression sous laquelle ils regroupent les changements survenus dans les comportements familiaux et conjugaux au cours des dernières décennies. La baisse du mariage, la banalisation de la cohabitation, l'augmentation des séparations, la diffusion du célibat et le report de la mise en couple... Ces transformations majeures de la vie intime sont principalement expliquées par des facteurs culturels : la diffusion de l'individualisme et de nouvelles valeurs comme l'épanouissement personnel et la réalisation de soi. Plutôt que sur des facteurs économiques, matériels, techniques, institutionnels (ou démographiques), les spécialistes en sciences de population insistent sur ce que Ron J. Lesthaeghe et Dick van de Kaa appellent des « variables idéationelles » (*ideational variables*)[7].

La sociologie de la famille et du couple recourt souvent à un même raisonnement, même si la lecture « idéationnelle » y est moins explicite. Pour rendre compte des nouveaux comportements conjugaux, les auteurs insistent souvent sur la transition d'une vision institutionnelle du couple à un modèle davantage relationnel et émotionnel. C'est dans cette perspective que le sociologue anglais Anthony Giddens développe la notion de « relation pure » dans son ouvrage *La transformation de l'intimité*[8]. Il décrit sous ce terme un nouveau mode d'engagement dans la sexualité et le couple, caractérisé par un idéal de proximité et d'égalité entre les partenaires. Critique de l'approche foucaldienne, il souligne certes que, pour « expliquer comment se sont produites les transformations [...], on doit se garder d'accorder une importance démesurée au discours[9] ». Or Giddens ne s'en éloigne finalement pas tant lorsqu'il insiste sur l'ethos de

---

7. Ron Lesthaeghe, « The Second Demographic Transition in Western Countries. An Interpretation », *in* Karen Oppenheim Mason et An-Magritt Jensen (dir.), *Gender and Family Change in Industrialized Countries*, Oxford, Clarendon Press, 1995 ; Dick J. van de Kaa, « Europe's Second Demographic Transition », *Population bulletin* 42, n° 1, 1987.

8. Anthony Giddens, *La transformation de l'intimité, op. cit.*

9. *Ibid.*, p. 39.

l'amour romantique et le processus de démocratisation de la sexualité. Son analyse présente à ce titre des affinités avec les travaux d'Eva Illouz, quoique cette dernière arrive à des conclusions très différentes. Intéressée également par l'expérience amoureuse dans la modernité, elle identifie « un certain nombre de forces culturelles très puissantes », dont notamment la psychologie, le féminisme libéral et les sites de rencontres, qui ont « refaçonné le sentiment et l'expérience de l'amour, ont contribué à leur rationalisation »[10]. Pour ces deux auteurs, la modernité est au centre de l'analyse et les représentations culturelles sont un facteur déterminant pour expliquer les transformations des pratiques affectives.

Dans cette perspective, les changements de la vie intime sont principalement compris comme un mouvement idéel : c'est l'apparition de nouvelles attitudes, idéologies et valeurs qui transforme en profondeur nos comportements. La diffusion des services des rencontres est souvent analysée de la sorte, comme le résultat d'un nouveau régime normatif. Il s'agit d'une vision profondément *idéaliste* du changement social, au sens où les idées sont perçues comme les forces agissantes de l'histoire, dont les effets s'incarnent ensuite dans les pratiques, les institutions et les objets. Paradoxalement, cette vision informe aussi la thèse de la marchandisation. Car si le capitalisme est aujourd'hui considéré comme une importante force de transformation de la vie amoureuse et sexuelle, c'est moins en tant que système économique qu'en tant que culture : un ensemble de valeurs, d'affects et de discours.

Pourtant, l'étude des rencontres en ligne montre ce que cette pratique doit aux transformations dans l'ordre économique et social. Sans aucun doute, l'époque contemporaine est caractérisée par de nouvelles normes, mais celles-ci ne s'imposent pas d'elles-mêmes : elles s'ancrent dans des changements économiques profonds et dans la transformation des parcours de vie qui en découle. Ce constat peut

---

10. Illouz, *Pourquoi l'amour fait mal, op. cit.*, p. 261.

paraître banal. Il est pourtant rarement mis au premier plan des analyses de l'intime, tellement acquis qu'on l'ignore ou qu'on l'oublie. Or les changements structurels sont centraux pour comprendre la diffusion et les modes d'appropriation des services de rencontres.

Chez les jeunes tout d'abord, dont les usages, régulièrement décriés comme un nouveau rapport consumériste aux relations intimes, s'expliquent en réalité par les conditions économiques et sociales de la jeunesse contemporaine. Tournés vers l'expérimentation plutôt que la mise en couple, ils s'inscrivent dans une période de vie caractérisée par l'attente, l'incertitude et la progressive prise d'autonomie. La nature éphémère des relations nouées et le renouvellement des partenaires illustrent une certaine liberté sexuelle « en sursis » (à la porte de l'âge adulte et de son modèle conjugal) mais aussi une valorisation de la découverte et de l'apprentissage dont on trouve l'écho dans les institutions fréquentées à cet âge de la vie.

De la même manière, la démarche volontariste, que l'enquête révèle chez les usagers plus âgés, n'est pas un pur produit de nouvelles normes, valorisant l'initiative et la nécessaire prise en main de sa vie affective. C'est d'abord une réaction aux possibilités de rencontres qui – pour des raisons démographiques – se reconfigurent avec l'âge. C'est aussi une posture favorisée par les expériences de vie : les carrières professionnelles sont devenues plus hachées, les trajectoires résidentielles aussi. Dans ce contexte, le recours aux services spécialisés pour favoriser la rencontre traduit, certes, une morale de « responsabilité de soi », mais c'est une éthique solidement ancrée dans des nouvelles conditions de vie.

Sans tenir compte de ces éléments sociaux, économiques et démographiques, on peine à comprendre les nouvelles pratiques amoureuses et sexuelles. De même, on ne peut pas comprendre pourquoi les comportements divergent selon les milieux sociaux. Les différences de pratiques et d'attitudes – souvent plus « traditionnelles » chez les personnes peu diplômées – ne peuvent s'expliquer simplement par les *normes,* sauf à penser que les milieux populaires seraient irrémédiablement rétrogrades et moins « modernes » que les autres. À l'inverse, des discours réellement réactionnaires comme le virilisme, dont Mélanie Gourarier montre la vivacité chez les « apprentis séducteurs[11] », s'expliquent aussi par les expériences d'une partie grandissante de jeunes hommes qui se trouvent de fait exclus des rencontres hétérosexuelles. Tout comme le changement, le *backlash* aussi – ce retour de bâton moral qu'identifie notamment Susan Faludi[12] – mérite d'être situé par rapport à ces transformations sociales plus larges.

Enfin, dans le contexte d'une forte complexification des parcours, cette approche matérialiste recouvre nécessairement une perspective biographique. Car non seulement les comportements dépendent des expériences vécues par le passé – comme le montrent très bien les travaux sur les trajectoires de vie et les approches par « carrière » –, mais la diversification des expériences est à l'origine de nouvelles valeurs et de leur multiplication. En témoignent les nouveaux modes d'entrée dans la vie affective qui ont profondément changé la vision du couple. Les jeunes n'arrivent plus vierges au mariage : avant de s'installer avec quelqu'un, ils ont le plus souvent déjà vécu des histoires (bonnes ou mauvaises) au préalable. Ces relations, comme le montrent Christophe Giraud, marquent leurs attitudes envers la conjugalité[13]. Les normes conjugales actuelles, que l'on qualifie en termes de « réalisme », d'« individualisme » ou de « contractualisme », et que l'on décrit souvent comme un processus de rationalisation de la vie intime, s'expliquent en partie par cet élargissement des répertoires. Pour le dire autrement, si les contemporains nous paraissent plus pragmatiques et moins romantiques, c'est aussi qu'ils ont plus d'expériences. Contrairement à nos habitudes – et à certaines traditions démographiques et socio-

---

11. Gourarier, *Alpha mâle, op. cit.*
12. Susan Faludi, *Backlash. La guerre froide contre les femmes*, Paris, Des femmes, 1993.
13. Giraud, *L'Amour réaliste, op. cit.*

logiques – qui consistent à expliquer les changements de la vie intime par l'apparition de nouvelles normes, les rencontres en ligne nous incitent donc à une lecture inverse. C'est aussi la transformation des pratiques et des parcours au cours des dernières décennies – eux-mêmes nourris de changements économiques profondes – qui est à l'origine de ces nouvelles normes en matière de sexualité et de conjugalité. Cet inversement de perspective rejoint l'approche développée dans les études sur le genre. À l'instar de Gayle Rubin notamment[14], il s'agit de considérer la sexualité et le couple comme des *lieux de production* de valeurs – des normes de genre et d'autres encore – et non comme un simple réceptacle ou expression de forces culturelles qui prévalent ailleurs.

---

14. Gayle Rubin, « Le marché aux femmes. "Économie politique" du sexe et systèmes de sexe/genre », *in* Gayle Rubin, *Surveiller et jouir. Anthropologie politique du sexe*, Paris, Epel, 2011.

Remerciements

Ce livre n'aurait pas vu le jour sans l'implication de nombreuses personnes. Je tiens d'abord à remercier toutes celles qui ont accepté de participer à l'enquête, sans qui cette recherche n'aurait pas été possible. Merci d'abord aux utilisatrices et aux utilisateurs, que je ne peux pas nommer pour des raisons d'anonymat, qui m'ont fait la grâce de me raconter leurs expériences avec beaucoup d'honnêteté et non sans humour. Je leur suis infiniment reconnaissante. L'enquête repose aussi sur la participation de plusieurs concepteurs qui ont pris le temps de me parler de leur travail et, pour certains d'entre eux, m'ont ouvert la porte de leur entreprise. À ce titre, je souhaite remercier tout particulièrement Meetic France. En m'accordant aussi bien la confiance que la liberté, toujours dans le respect de la vie privée des usagers, ils m'ont offert la possibilité inédite d'aborder les rencontres en ligne d'une façon originale. Un grand merci à Laurence Le Gouic-Parot, Jessica Delpirou et Valentine Schnebelen d'avoir cru dans l'intérêt de ce regard sociologique.

Cette recherche est aussi le fruit de belles rencontres scientifiques. Tout d'abord avec Michel Bozon à qui ce livre doit beaucoup. En tant que directeur de thèse d'abord, puis collègue, il a suivi cette recherche du début à la fin, et ses conseils comme nos échanges ont beaucoup nourri mon travail. Une rencontre plus récente mais enthousiasmante fut celle avec Rébecca Lévy-Guillain qui m'a apporté une aide décisive, tout en me faisant bénéficier de sa grande curiosité scientifique et intellectuelle. Merci aussi à Joseph Confavreux qui a soutenu ce projet et l'a porté au sein des éditions La Découverte.

C'est à l'Observatoire sociologique du changement à Sciences Po que j'ai préparé la thèse à l'origine de cette recherche et j'y ai reçu l'aide précieuse, notamment, de Yannick Savina et de Danielle Herlido, mais aussi de Laurent Lesnard, Anne Cornilleau et Geneviève Michau au CDSP. La suite de la recherche s'est déroulée à l'Institut national d'études démographiques où je souhaite remercier Wilfried Rault et Arnaud Régnier-Loilier pour m'avoir intégrée dans l'équipe « Épic ».

Ma gratitude va également aux nombreuses personnes qui, par leurs lectures avisées, m'ont permis d'améliorer ce manuscrit. Merci d'abord à Agnès Fine, Catherine Marry, Olivier Martin, Dominique Pasquier et Éric Widmer. Merci aussi à Annabelle Allouch, Milan Bouchet-Valat, Louise Caron, Thomas Collas, Thomas Depecker, Claire-Lise Gaillard, Josué Gimel, Gwenaëlle Mainsant, Élise Marsicano, Camille Masclet, Marie Plessz, Clément Rivière, Mathieu Trachman et Florian Vörös. Je voudrais également dire toute ma reconnaissance à ma famille, et tout particulièrement à Jan, mon frère et mon själsfrände, pour son soutien sans faille.

Merci enfin à Étienne. Pour ses nombreuses relectures, ses conseils, et surtout pour ses encouragements, qui m'ont permis de rendre ce livre meilleur et de le mener à bien.

Table des matières

Achevé d'imprimer en France par EPAC Technologies

N° d'édition: 4550414305119

Dépôt légal: mars 2019